T0299199

نمو الطفل
التكويني .... الوظيفي ... النفسي

نمو الطفل
التكويني .... الوظيفي ... النفسي

تأليف

د. يوسف لازم كماش   د. ذو الفقار صالح

د. عبد الكاظم جليل   د. حسن موسى

دارالخليج
ناشرون وموزعون

بسم الله الرحمن الرحيم

طبعة مزيدة ومنقحة

١٤٣١هـ - ٢٠١٠م

المملكة الأردنية الهاشمية

رقم الإيداع لدى دائرة المكتبة الوطنية

(2011 / 2 / 433)

- يتحمل المؤلف كامل المسؤولية القانونية عن محتوى مصنفه ولا يعبر هذا المصنف عن رأي دائرة المكتبة الوطنية أو أي جهة حكومية أخرى.

دار الخليج للنشر والتوزيع

تلفاكس: ٤٦٤٧٥٥٩ ٦ ٠٠٩٦٢

ص.ب: ١٨٤٠٣٤ عمان ١١١١٨ الأردن

e-mail: daralkhalij@hotmail.com

5

بِسۡمِ ٱللَّهِ ٱلرَّحۡمَٰنِ ٱلرَّحِيمِ

﴿ فَلۡيَنظُرِ ٱلۡإِنسَٰنُ مِمَّ خُلِقَ ٥ خُلِقَ مِن مَّآءٖ دَافِقٖ ٦ يَخۡرُجُ مِنۢ
بَيۡنِ ٱلصُّلۡبِ وَٱلتَّرَآئِبِ ٧ إِنَّهُۥ عَلَىٰ رَجۡعِهِۦ لَقَادِرٞ ٨ ﴾ (الطارق: ٥ – ٨)

المحتويات

الفصل الثالث

الشخصية والنمو الاجتماعي في مرحلة الرضاعة

الفصل الرابع

النمو البدني والوظيفي للطفل في مرحلة ما قبل المدرسة

مقدمة

لقد تنوعت وتعددت الدراسات التي تناولت نمو الطفل من كافة النواحي التكوينية والوظيفية والنفسية وشملت تلك الدراسات تكوين الطفل من مرحلة تكوين الجنين حتى مرحلة الشيخوخة، فالنمو هو عبارة عن تغيرات تقدمية متجهة نحو تحقيق غرض ضمني هو النضج. وقد أشارت الكتب السماوية إلى نشأة الإنسان وتطور مراحله، بقوله تعالى:

﴿ٱللَّهُ ٱلَّذِى خَلَقَكُم مِّن ضَعْفٍ ثُمَّ جَعَلَ مِنۢ بَعْدِ ضَعْفٍ قُوَّةً ثُمَّ جَعَلَ مِنۢ بَعْدِ قُوَّةٍ ضَعْفًا وَشَيْبَةً ۚ يَخْلُقُ مَا يَشَآءُ ۖ وَهُوَ ٱلْعَلِيمُ ٱلْقَدِيرُ ﴿٥٤﴾﴾]الروم: ٥٤[

وتمثل الطفولة اللبنات الأولى لمستقبل الثبات، وهو بذلك يمثل رجل مقبل يتطلب من المجتمع إتاحة كل الغرض له لكي ينشأ وينمو نموا متكاملا من خلال معرفة وتوضيح ودراسة أساسيات النمو التكوينية والوظيفية والنفسية والغاية الأساسية من ذلك هو تنشئة الطفل تنشئة سليمة ووفق قيم ومعايير المجتمع التي نشأ فيها لكي نضمن بناء جيل قادم يكون العلم قائدة والتمسك بوطنيته وتعامله الإنساني مع أفراد مجتمعه.

إن أهمية النمو تمثل بضرورة التعرف على مراحل النمو المتعاقبة إذ أن أي خلل أو اضطراب في مظاهر النمو لآي مرحلة عمرية قد يتبعه خلل أو اضطراب بمراحل النمو الأخرى وعلية يجب الاهتمام بالمراحل العمرية

منذ بدايتها أي الاهتمام بمرحلة الطفولة، لذلك فإن إيضاح ودراسة هـذه المرحلـة العمرية ومظاهرها ومتطلباتها تشكل الأساس لتنشئة الفرد، وختاما نرجو أن نكون قـد وفقنا في تقديم المعلومات الخاصة بمرحلة الطفولة وأن يجد القارئ فيها ما ينشـده مـن المعرفة للنمو وخصائصه ومتطلباته ومظاهره خـلال هـذه المرحلـة المهمـة مـن مراحـل العمر المتتابعة، والتحفيز على الدراسة والاطلاع في مجال نمو وتنشئة الطفولة.

نسأل اللـه تعالى السداد والتوفيق فيما نصبو إليه وهو نعم المولى ونعم النصير.

المؤلفون

الفصل الأول
النـــــمـــــو

- مفهوم النمو
- مميزات النمو
- اتجاهات دراسة النمو النفسي للطفل
- أنماط التغير في النمو
- أهمية دراسة النمو
- قوانين ومبادئ النمو
- العوامل المؤثرة على النمو

الفصل الأول

النمو

- مفهوم النمو:

يمر الإنسان منذ لحظة الإخصاب وحتى مرحلة الشيخوخة بمراحل عمرية متعددة تصاحبها تغيرات مستمرة، ويتعرض فيها الإنسان إلى العديد من التغييرات والتطورات الخاصة بالنواحي التكوينية والوظيفية، إنّ النمو بمعناه العام يشمل كافة التغييرات الجسمية والفسيولوجية والعقلية والانفعالية والاجتماعية، أمّا النمو بمعناه الخاص فيشمل التغييرات الجسمية كالطول والوزن والحجم نتيجة للتفاعلات البيوكيميائية التي تحدث في الجسم.

وفي ضوء ما سبق ذكره نلاحظ بان مفهوم النمو يتحدد من خلال مظهرين أساسيين هما كالآتي:

١. النمو التكويني:

ويشمل دراسة النمو الجسمي كالطول والوزن والحجم.

٢. النمو الوظيفي:

ويشمل دراسة نمو الوظائف الجسمية والانفعالية والعقلية وتكييف أجهزة الجسم لأدوار وظيفية معينة. وقد أكدت العديد من الدراسات والبحوث العلمية على أن كلمة نمو هي اصطلاح بيولوجي يختص بالزيادة الملحوظة في حجم وتركيب الكائن الحي في فترة من الزمن. وذكر البعض من الباحثين عن

معنى النمو في كونه سلسلة من التغييرات التي تحدث للفرد خلال دورة الحياة في سلم تصاعدي في مقتبل العمر ثم في هضبة العمر بعدها في سلم تنازلي في أواخر العمر، بحيث تتناول مظاهر التغيرات المختلفة في كل مرحلة من النواحي الجسمية والعقلية والاجتماعية والانفعالية، كذلك الكيفية التي يكتسب فيها الفرد الخبرات والمهارات المختلفة وطرق تفكيره وأساليب تعلمه بهدف وصف هذه المظاهر وبيان ارتباطها مع بعضها ومع غيرها، كالتكوين البيولوجي والعوامل الوراثية والبيئية والكشف عن كل ما يؤثر عليها سلبا أو إيجابا، والتوصل إلى القوانين والأسس المنظمة للتغييرات النمائية بغية تحقيق أهداف نظرية وتطبيقية مستخدمة في ذلك المنهج العلمي وبيان مميزات كل مرحلة من المراحل العمرية وبحيث تمدنا هذه الدراسات بالمعلومات التي تجعلنا أكثر قدرة على فهم شخصية الفرد وسلوكه وأهدافه واتجاهاته وميوله وتجعلنا أكثر قدرة على توجيهه وتربيته.

فالنمو هو سلسلة متتابعة ومتماسكة من تغييرات تهدف إلى غاية واحدة محددة هي اكتمال النضج ومدى استمراره وبدء انحداره، وبهذا المعنى فان النمو لا يحدث بطريقة عشوائية بل يتطور بانتظام خطوة سابقه تليها خطوة أخرى.

أو هو دراسة علمية لكافة التغييرات التي تحدث للفرد بمظاهرها الجسمية والعقلية والنفسية والاجتماعية والانفعالية بهدف وصفها وبيان ارتباطها مع بعضها ومع غيرها والكشف عن القوانين والمبادئ المنظمة لها بغية تحقيق أهداف معرفية أو تطبيقية مستخدما في ذلك المنهج العلمي.

نتوصل من ذلك إلى أنّ النمو هـو سلسـلة مـن التغيـيرات التقدميـة ذات نمـط مـنظم ومترابط تهدف إلى تحقيق النضج. وفي ضوء ذلك نلاحظ بأنّ عملية النمو تشتمل عـلى جـانبين مهمين هما: الزيادة والتغير، فعندما ينمو الكائن الحي يبدأ حجمه بالزيادة، إضافة إلى حدوث تغير في وظائفه الحيوية، فزيادة نمو الإنسان تؤدي حتما إلى حدوث زيادة في عظامه وعضـلاته وأجهزته الداخلية وتصبح أثقل وزنا، وبنفس الوقـت تتغـير وظائفـه التـي يقـوم بهـا وتتنـوع، بحيث نلاحظ على اثر ذلك حدوث تطور لدى الطفل مع مرور الزمن فيبدأ بالجلوس ثم الحبو والزحف ثم الوقوف والمشي ثم الجري.

أي أنّ النمو هو عبارة عن عملية متكاملة من التغيير المتداخل الذي يشمل:

* الجانب التشريحي.
* الجانب الفسيولوجي (الوظيفي).
* الجانب السلوكي.

ومن الملاحظ بأنّ هنالك بعض الخلط في استخدام مفهـوم النمـو مـع التطـور والنضـج فتعرض وكأنها ذات معنى واحد، وهذا الأمر ليس دقيقا لانّ هناك اختلافا بيـنهما، فـنحن قـد تعرفنا على النمو كونه يمثل زيـادة في الحجـم والـوزن والطـول ويشـمل كـذلك نمـو الأنسـجة والأعضاء الداخلية وهو ما يجعل النمو مفهوما أساسيا لا يمكن الاستغناء عنه.

أما بالنسبة لمفهوم النضج فهو مجموعة من العمليات الوظيفية الداخلية التـي تعمـل وفق نظام زمني معين تؤدي إلى توفر القدرة على القيام بنشاطات ووظائف معينة بعيـدا عـن أي مؤثرات أخرى خارجية كالخبرة والمران. ويحدث

النضج عل شكل نمو عضوي يؤثر بشكل مباشر على وظائف أعضاء الجسم، وهو ما يمكن إرجاعه إلى تأثير العوامل الوراثية، كما هو الحال على سبيل المثال في النضج الجنسي- وقدرة الإنسان على الإنجاب ذكرا كان أم أنثى.

وفي ضوء طرح هذين المفهومين للنمو والنضج يمكننا الآن التفريق بينهما.

حيث أنّ النمو يدل على أنه تتابع لمراحل معينة من التغيرات التي يمر بها الإنسان في نظام واتساق، أي أنّ النمو ينصب على عناصر التغير الدينامية (الحركية) في اتجاه واحد، وهو بهذا المعنى يدل على تكامل التغيرات البنائية والوظيفية والسلوكية التي تكون الشخصية الفردية. أي أنّ النمو تغير تقدمي مطرد يستهدف وصول الفرد إلى مستوى النضج الذي يعني الاستعداد الوظيفي لأداء الدور المنوط به. أي أنّ النمو هو تغير يتجه صوب هدف هو النضج.

أما النضج فهو يدل على النمو العضوي، وهو لا يتبع مسارا واحدا ولا يحدث بنفس النسبة لدى جميع الأطفال.

أمّا بالنسبة لمفهوم التطور، فتشير العديد من الدراسات العلمية إلى أنه يعتبر مفهوما جامعا يشمل مفهومي النمو والنضج معا، الأمر الذي يدل على أنّ النمو والنضج هما نتاج لمفهوم التطور، حيث أنّ التطور عبارة عن مجموعة من العمليات التي تؤدي إلى حدوث تغير في الكائن الحي بشكل مستمر، وهذا لا يعني أنّ جميع التغيرات التي تطرأ على الإنسان ترجع إلى عوامل التطور وحدها. ويمكن تمييز التغيرات التي تحدث بفعل التطور عن التطورات الأخرى، من خلال ملاحظة أنّ التغيرات التي تحدث بفعل التطور تكون مستمرة ومتصلة ولا يمكن إرجاعها إلى الوراء إلى ما كانت عليه سابقا قبل حدوث التغير سواء كانت تلك

النتائج جزئية أو كلية، سلوكية أو ذات علاقة بوظائف الأعضاء، فعلى سبيل المثال أن الطفل يكون قد تعلم المشي، وهذا يرتبط بالنمو الجسمي والعصبي والعقلي، فانه لا يمكن إرجاع الإنسان إلى مستوى أدنى مما وصل إليه من مرحلة المشي وإعادة أجهزته الحيوية الداخلية إلى الحالة التي كانت عليها قبل المشي.

إذن فالتطور: هو عبارة عن مجموعة من التغيرات الكمية والنوعية التي تبدو غالبا في شكل بنائي ووظيفي جديد يكون امتدادا للبنى والوظائف السابقة.

وفي ضوء ذلك نرى بأن النمو: هو سلسلة متتابعة ومتكاملة من التغيرات يسعى بالفرد نحو اكتمال النضج واستمراره وبدء انحداره، ويتضح من خلاله إمكانات الفرد حيث تظهر في شكل قدرات ومهارات وصفات وخصائص شخصية، مثل:

-النضج: هو مستوى معين من النمو تكون فيه الأجهزة الداخلية للكائن الحي قادرة على أداء وظائف معينة دون تعلم أو تدريب سابق.

-التطور: هو التغير في قدرات الإنسان خلال الزمن نتيجة لتفاعل كل من النضج والعوامل البيئية.

-التغيرات الكمية للتطور: هي تلك التغيرات التي تشير إلى الخصائص الواضحة للمظاهر المختلفة لنمو وتطور الإنسان خلال فترة الحياة التي يمكن قياسها كميا.

-التغيرات الكيفية للتطور: هي تلك التغيرات التي تطرأ على شكل طريقة أداء مختلف مظاهر النمو والتطور للإنسان خلال فترة الحياة والتي يمكن قياسها كيفيا.

- مميزات النمو:

يعد النمو ظاهرة حياتية تختص بصفات عامة تمتاز بها عن الظواهر العلمية الأخرى وهي ترتبط مع بعضها ارتباطا وثيقا لتشكل تنظيما منطقيا يعتمد على الملاحظة الدقيقة والتجربة لعلمية.

على ذلك فأن النمو يشكل علما له ميدانه ومباحثه وطرقة وتطبيقاته المباشرة وغير المباشرة في حياة الطفل خاصة وحياة الفرد بشكل عام. ويتجه النمو في تطوره البنائي التكويني والوظيفي اتجاها طوليا ومستعرضا عاما وخاصا بمعنى أنّ تكوين وظائف الأجزاء العليا من الجسم يسبق الأجزاء الوسطى والسفلى للجسم والأجزاء البعيدة عن الأطراف وكذلك فإن النمو يسير من لنمو العام إلى النمو الخاص في نواحيه المختلفة منها الناحية النفسية، إذ الطفل عندما يولد تتولد لديه الأسس النفسية العامة ومن ثم تبدأ هذه المفردات النفسية بالتخصص أن يميل الطفل إلى العمل من أجل تحقيق ذاته في الحياة.

١. الاتجاه لطولي:

إن نمو الفرد يتطور طوليا من قمة الرأس إلى أخمص القدمين، لأن الأجزاء العليا من الجسم تسبق الأجزاء الدنيا منه في بناءها التكويني والوظيفي، وبذلك يتم تكوين الأجزاء العليا من جسم الجنين قبل أن يتم تكوين الأجزاء السفلى، فتظهر براعم الذراعين قبل ظهور براعم الساقين، ويبلغ طول رأس الجنين نصف طول جسمه في الشهر الثامن، ويستجيب الطفل لوخز الألم لوجه قي الساعات الأولى، لكنه لا يستجيب لوخز الألم الذي يصيب قدميه. ويستطيع لطفل التحكم في حركات رأسه قبل قدرته على التحكم في حركات يديه وقدميه

٢. الاتجاه المستعرض:

إن اتجاه النمو يكون بشكل مستعرض (أفقي) من الجذع إلى الأطراف، أي انه يبدأ من المحور الرأسي للجسم إلى أن يصل إلى كل إصبع، فالطفل يمسك الأشياء المختلفة ويلتقطها براحة اليد قبل أن يتمكن من التقاطها بأصابعه وحدها. فالطفل لا يستطيع مسك الكرة بأصابعه بل يبدأ التقاطها براحة اليد، ثم يتطور به النمو ليصبح قادرا على أن يمسكها بأصابعه.

٣. الاتجاه العام – الخاص:

إنّ النمو يتجه من العام إلى الخاص، ومن المجمل إلى المفصل، فالطفل يعيش ضمن بيئة يتأثر فيها بشكل إجمالي كلي عام قبل تأثره تأثرا خاصا ونوعيا ومحدودا وتكون استجاباته عامة قبل أن يتم تخصيصها وتفصيلها بشكل دقيق.

فالطفل يحرك جسمه ليصل إلى لعبة قبل أن يتعلم كيف يحرك يده فقط للوصول إلى اللعبة، فه ينظر إلى الأشياء من حوله نظرة كلية قبل الانتباه إلى المكونات الجزئية، وهكذا يستمر فأن نمو الطفل في أساليبه يتجه دائما الكل إلى الجزء.

- اتجاهات دراسة النمو النفسي للطفل:

يؤكد بعض المهتمين بالنمو النفسي بأنّ للطفل خمسة اتجاهات أساسية هي:

١. استمرار عدد من الباحثين لحقل دراسة النمو النفسي للطفل وربما رجع ذلك إلى المكانة الرفيعة التي يتمتع بها علم نفس الطفل بين العلماء والناس وإلى نضج العلم نفسه الذي يتمثل بتدريب العلماء على التجربة واستخدام الوسائل الفنية المتطورة من جهة وعلى نضج الطريقة العلمية ذاتها من جهة

أخرى وقد بدأ المختصون بدراسة الطفل على التدريب في حقل علـم الـنفس العـام فاكتسبوا مهارات علمية متطورة تمكنهم من استخدام أكثر الآلات تطورا وخاصـة منهـا مـا يرجع إلى حقل الإحصاء.

٢. تقديم سكنر لمفاهيم الإشراط الإجرائي والتعزيز وتشكيل السلوك إذ غدا تسرب منهجـه ومفاهيمه إلى المشاريع التعليمية بعد أن تأكد جدواها في تعليم الأطفال مـن الوسـائل الهامة لنجاح تلك المشاريع وامتد مـنهج سـكنر إلى الأطفـال المضطربين فـأظهر تقدمـه على المناهج التقليدية السابقة.

٣. الاهتمام بالنمو المعرفي إذ طرحت الدوريات النفسية في السـنوات الأخيرة الأبحـاث التـي تتناول مبدأ المحافظة النمو الخلقي والتخيل والإدراك والذاكرة طبقا لمفاهيم بياجيـه عـن تلك الظواهر.

٤. الاهتمام بتطور فهم الطفل لقواعد النحو والصرف ولا شك أنّ لغة الطفل لازمت دراسة النمـو النفسي للطفل منذ البدء إلاّ أنّ (تشو مسكي وبياجيه) قد اهتما بعلم قواعـد النحـو والصـرف لدى الطفل اهتماما كبيرا فما أن طرح تشو مسكي اعتقاده القائل بأن الأطفال يصنعون صرفهم الخاص حتى اشترك علماء النفس واللغويون في إقامة علـم الـنفس اللغـوي وتركـز الدراسـات النفسية اللغوية اهتمامها الآن على المعاني وعلاقة النمو الإدراكي بالنمو اللغوي.

٥. أخيرا، بحث(ليفين) لمفهوم التعلم الاجتماعي فلقد تطور هذا الحقل خلال العشرـين سـنة الأخيرة وتطور بحيث أقام منظومة متكاملة من المفاهيم المرتبطة بنظريـات الـتعلم التـي طرحها (سكنر) من طرف وبالنظريات الديناميكية التي تشكل أساس الفرويدية من طـرف ثان.

تشير هذه النظرية الخاطفة إلى السرعة المذهلة التي نمت على أساسها دراسة النمو النفسي للطفل منذ أن وجد على أيدي كتبة سير الأطفال وكتابات الأطباء الشعبيين لأكثر من قرن مضى.

- أنماط التغيير في النمو:

يتكون النمو من مجموعة من التغيرات، ولكن ليست كل التغيرات من نفس النوع، كما أنها لا تؤثر في عملية النمو بنفس الطريقة. ويمكن تقسيم التغيرات التي تحدث النمو إلى أربع مجموعات أساسية:

١- التغيرات في الحجم:

ويتضح هذا النمو من التغيرات في النمو الجسمي بصفه خاصة، وإن كان يمكن ملاحظته بالفعل في النمو العقلي، عند استخدام اختبار مقنن لقياس الذكاء فالطول والوزن والمقاييس المحيطة تأخذ في الزيادة مع نمو الطفل في كل فترة من فترات عمره، إلاّ إذا تداخلت بعض الظروف غير العادية.

كذلك تأخذ الأعضاء والمكونات ألداخليه المختلفة كالقلب والرئتين والأمعاء والمعدة في الكبر لكي تحقق الحاجات المتزايدة للجسم ويتضح النمو العقلي للجسم ويتضح النمو العقلي في تغيرات مشابهه بهذا القدر، فالحصيلة اللغوية للطفل تزداد كل عام كما تتسع قدرته على التفكير والتذكير والإدراك واستخدام الخيال سنوات النمو.

٢- التغيرات في النسب

إن النمو الجسمي غير المحدد بالتغيرات في الحجم، فالطفل ليس مجرد شخص راشد مغير، كما كان يعتقد من قبل، ولكن تكوينه الجسمي الكلي يبدأ نسب مختلفة عن نسب الشخص الراشد.

فإذا عمدنا إلى الموازنة بين جسم الرضيع وبين جسمي الطفل والرجل نرى أن التباين غير مقصور على الحجم وحده، بل يتعداه إلى لنسب بين مختلف الأعضاء فحجم رأس الطفل الوليد يماثل ضعف الحجم النسبي لرأس الرجل، وساقاه ثلاثة أرباع الطول النسبي في الرجل، وذراعان أطول بكثير بالنسبة لجسمه، ويتضح من ذلك أن النمو ليس مجرد ازدياد في الحجم الكلى، بل هو ازدياد متفاوت في أجزاء الجسم المختلفة، وليس هذا حادثا عرضيا، ولكنه متصل بحاجات الجسم كوحدة - في كل مرحلة من مراحل النمو، فالمولود الجديد مثلا لا يستطيع أن يهضم غذاء غير اللين وأما عيناه وأذناه فلم تبلغ من النمو والكمال درجة تمكنه من العناية بنفسه، وهو لا يقوم إلا بما يحتاج إليه أي أن يتعلق بأمه ويرضع، وهو لا يحتاج إلى ساقين طويلتين، ولهذا تظل ساقاه مدة مثنيتين على نحو ما كانتا في الرحم والى جانب هذه الفروق في الشكل الخارجي توجد بعض الفروقات الفسيولوجية، فالعظام مثلا تكون في أول أمرها لينة جدا كما أن اعتدال الساقين لا يحدث إلا تدريجيا، وأما نموها في الطول فأنه يساير ازديادهما في الصلابة وفي غلظة عظامها استطاعتا حمله وحفظ جسمه منتصبا، وفي الوقت عينه يكون الطفل قد اكتسب قوة في البصر والسمع واللمس وزادت قوته العظيمة العامة واستطاع التوازن الذي يجعل المشي ممكنا حوالي

آخر السنة الأولى وحوالي هـذا الوقت أيضا يبـدأ الطفـل في هضـم المـواد النشـوية، فيكتسب بذلك مصدرا جديدا للنشاط المتزايد الذي يحتاج إليه عندئذ أكثر من ذي قبـل، فأن حركاته الحرة تزداد عند ذلك قوة وتكون أكثر وأطول مدة.

ويتضح أيضا التغيرات في النسب في النمو العقلي، ففي الطفولـة. المبكرة يسـيطر الخيال، الذي يرتبط بالواقع ارتباطا ضئيلا، عـلى حيـاة الطفـل العقليـة. ويأخـذ العنصرـ الخيالي، بالتدرج مع تطور نمو الطفل في أن يفسح المجال لذلك النـوع مـن الخيال القائم عـلى الواقعيـة، وعـلى موضـوع حقيقـي، وعـلى الإحسـاس العـام، ومـن ثم يكون موجها ومضبوطا بحيث يفيد في التخطيط وفي كل أشكال العمل المبـدع لنشـاط الطفـل. ويحـدث تغير كذلك في ميول الطفل واهتماماته: ففي البداية تكون هذه الميول متمركزة حول ذاتـه وحول لعبة. ثم ينتقل هذا الميل بالتدريج إلى الأطفال الآخرين من معارفه وإلى المناشط التي تقول بها جماعات الأطفال المحيطين به. وفي مرحلة المراهقة، تتركز الاهتمامـات حـول الجنس الآخر والملابس والسعي إلى الحصول على تقدير جماعات الأقران.

٣- اختفاء معالم قديمة:

من بين المعالم الجسمية الأكثر أهميه والتي تأخذ في الاختفاء تدريجيا كلما أخذ الطفـل في النمو الغدة الثيموسية التي تعـرف غالبـا "بغـدة الطفولة" وموضـعها في الصـدر، والغـدة الصنوبرية وموضعها أسفل الـدماغ، وبعـض الانعكاسـات السـائدة في مرحلـة الطفولـة والتي تعرف بانعكاسات "بابيكسى ودارون" والشعر الطفلي، والمجموعة الأولى من الأسنان المعروفة بالأسنان الطفلية ومن بين

السمات العقلية التي تفقد بالتدريج جدواها وبالتالي تأخذ في الاختفاء: الثرثرة وغير ذلك من أشكال الكلام الطفلي، الاندفاعات الطفلية للداء والعمل قبل التفكير، الأشكال الطفلية للحركة كالزحف والتسلق، التلهف الحسي، وخاصة فيما يتعلق بالتذوق والشم.

٤- اكتساب معالم جديدة:

بالإضافة إلى اختفاء بعض المعالم القديمة التي استنفذت جدواها يلاحظ نمط رابع من التغير النمائي في اكتساب معالم جديدة، جسمية وعقلية، بعض هذه المعالم تكتسب خلال التعلم، ولكن الكثير منها ينتج من نضج أو تفتح السمات الكامنة التي لم تنمو على نحو كامل عند الميلاد. من بين المعالم الجسمية الهامة التي تكسب خلال الفترة النمو: الأسنان الأولى والثانية، والخصائص الجنسية الأولية والثانوية، ومن بين الخصائص النفسية التي يكسبها الفرد: التطلع والشغف وخاصة فيما يتعلق بالموضوعات الجنسية، الحافز الجنسي، المعرفة، المعايير الخلقية، المعتقدات الدينية، الأشكال المختلفة للغة، وكل أنماط الميول العصابية.

- أهمية دراسة النمو:

إن دراسة النمو مهمة لفهم الخصائص المميزة للأفراد في كل مرحلة من المراحل العمرية، ويمكن تحديد أهمية دراسة النمو في النقاط الآتية:

١. تساعد في اكتشاف المعايير والمقاييس المناسبة في كل مظهر من مظاهر النمو، فالتعرف على معايير النمو الجسمي قولنا على العلاقة بين طول الفرد وعمره. أو بين وزن الفرد وعمره في مرحلة الطفولة ثم المراهقة تم مرحلة الرجولة تم مرحلة الشيخوخة.

٢. تساعد في معرفة المبادئ والقوانين الناظمة لعميلة النمو في كل مرحلة من مراحل النمو المختلفة حيث تدلنا على التعرف على ما الذي نتوقعه من الفرد في كل مرحلة، وفى كل مظهر من مظاهره وذلك يساعد في كيفية التعامل مع الفرد بأسلوب أكثر فعالية.

٣. تساعد على تفهم وإدراك الفروق الفردية للأفراد، مما يعطى التصور الواضح عند الاختلافات الفردية في القدرات والإمكانيات الجسمية والعقلية في كل مرحلة من المراحل العمرية.

٤. تساعد على تفهم وإدراك الفروق الفردية للإفراد، مما يعطى التصور الواضح عند الاختلافات الفردية في القدرات والإمكانيات الجسمية والعقلية في كل مرحلة من المراحل العمرية.

٥. تساعد في بناء البرامج والمناهج وطرق التدريس المناسبة لميول واستعدادات الأفراد في كل مرحلة من مراحل التعليم بدءا من الحضانة وحتى المرحلة الجامعية.

- قوانين ومبادئ النمو:

لقد تمكن العديد من الباحثين عن طريق دراساتهم ومتابعتهم للمسار الذي تسلكه التغيرات النمائية لدى الأفراد إلى التوصل لبعض القوانين والمبادئ الرئيسية للنمو، ومن أهمها ما يأتي:

١. النمو عملية مستمرة:

النمو عملية مستمرة طوال حياة الإنسان منذ لحظه الإخصاب حتى الوفاة تشمل نواحي التغير الكمي والكيفي حيث يتعلق التغير في الطول والوزن. ويتبع هذا التغير الكمي تغير كيفي يتعلق بالتغير في أعضاء الجسم والقيام بوظائفها.

٢.   النمو عملية تسير في مراحل متتابعة:

يحدث النمو بشكل نظامي بحياة الفرد عبارة عن عملية متكاملة مكونة مـن مراحـل متـرابطة متتابعة، وكل مرحلة من مراحل النمو هي نتـاج المرحلـة السـابقة ومقدمـه للمرحلة اللاحقة، فعلى سبيل المثال الطفل يجلس قبل إن يقف، ويقف قبل أن يمشي.

٣.   النمو كعملية كلية:

الإنسان كائن حي متكامل بيولوجيا ومعرفيا واجتماعيا وانفعاليا كوحـدة واحـدة. ولا يمكن الفصل بين النمو الجسمي والنمو الحركي والنمو العقلي والاجتماعي، فالإنسان ينمو نمـوا متكاملا.

٤.   النمو يسير بسرعات مختلفة:

إن أجزاء جسم الإنسان لا تنمو كلها بنفس السرعة وليسـت عـلى وتـيرة واحـدة، ففـي الوقت الذي نلاحظ فيه سرعة النمو بعد الإخصاب، تبطئ سرعة النمو بعد الميلاد، ثم تبطئ في مرحلة الطفولة المتأخرة، تم تستمر سرعة النمو بشـكل أكبر في مرحلـة المراهقـة المبكـرة، ثم بطيء بعد مرحلة المراهقة، أي أن النمو يسير بسرعات مختلفة.

٥.   النمو عملية تسير من العام إلى الخاص:

الفرد في مرحلة الميلاد يستجيب بطريقة عامـة، وكلـما يتقـدم في العمـر الزمني يأخـذ نشاطه في التخصص، فالطفل يحرك جسمه كله ليصل إلى لعبته (عام)، وبعد تقـدم العمـر نـرى بأنه يتعلم كيف يحرك يديه فقط لتناول لعبته، وهكذا يستمر نمو الطفل من العـام إلى الخاص ومـن الكـل إلى الجزء.

٦. النمو عملية فروق فردية:

أكد الباحثون على وجود تباين واختلاف في معايير النمو لـدى الأفراد فهـم يختلفون فيما بينهم من حيث سرعة النمو في النواحي الكمية والكيفيـة وعـاده مـا يـتم مقارنـة معدل النمو عند كل فرد بمتوسط معدل النمو لـدى أقرانـه في المجتمع الـذي يعـيش فيـه، وعمليـة الفروق قد تفيد في التنبؤ بالمستوى النهائي الذي يصل إليه نمو الفرد.

٧. النمو يمكن التنبؤ به:

نتيجة لكون الفرد يسير في نموه على نمط معروف ولكون الطريقة الواضحة المعالم لكـل مظهر من مظاهر النمو، كان لذلك الدور الأكبر في المساعدة على التنبؤ بالتغيرات التي سـيمر بها الفرد الأمر الذي ساهم في توجيه الأفراد وفقا لاستعداداتهم وقدراتهم وقابليتهم، والتنبـؤ بالنمو عملية ذا درجة عالية من الأهمية لمساعدة الأفراد بصوره عامة في عملية النمو المتوقعة بالأخص الحالات التي يحدث فيها خلل في هذه العملية.

٨. اختلاف معدل النمو باختلاف مظاهره:

إن لكل مظهر من مظاهر النمو معدله الخـاص الـذي ينمـو بـه، وذلـك يـدل عـلى أن مظاهر النمو لا تتقدم بمستوى واحد في جبهة مسـتوية، حيث أن النمـو العصبي يختلـف في زمن نموه عن النمو التناسلي، فالنمو الطبيعي لأجهزة الجسم يكون حسب حاجة الجسـم إلى نشاطها وفاعليتها، أي بمعنى أن كل عضو ينمو في حينه ووفق زمنه، فالجهـاز التناسـلي ينمـو بشكل متأخر عن نمو الأجهزة الداخليـة كالأمعـاء والمخ وذلـك لأن حاجـة الجسـم إلى تلـك الأجهزة الداخلية أكثر من حاجتها إلى الأعضـاء التناسلية، حيث أن هناك تباين في أزمنة نضج أجهزة الجسم المختلفة.

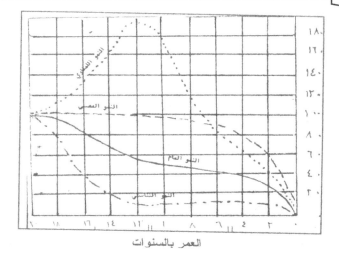

العمر بالسنوات

شكل (٥)

اختلاف معدل النمو باختلاف مظاهره

- العوامل المؤثرة في النمو الإنساني:

إن النمو الإنساني في جميع مظاهره المختلفة تتأثر بمجموعة مـن العوامـل التـي لهـا الدور الفعال في حدوث التغيرات في كل مرحلة من المراحل العمرية ومن أهـم العوامـل هـي الآتي:

١.   العوامل الوراثية :

الوراثة هـي تقل الصفات الوراثية عـبر الأجيـال المختلفـة، وذلـك عـن طريـق المورثـات (الجينات) التي تحملها الكروموسومات التي تحتويها البويضة المخصبة بالحيوان المنـوي بعـد عملية التلقيح، وهى عبارة عن بقع صغيرة مستديرة تتكون من ٤٦ كروموسوم نصفها موروث من جانب الأم والنصف الآخر موروث من جانب الأب وتوجد المعلومات الوراثية داخل هـذه التكنولوجيا الخطية وهذه الكروموسومات التي توجد داخـل النـواة وان الوراثـة هـي خاصـة الجسم

الحي وتتطلب ظروف معينـة لحياتـه ونمـوه وفى الاسـتجابة بطريقـة معينـة للظـروف المختلفة. وإنّ هناك بعض الصفات التي تتحدد بالوراثة مثل لون العينين ولـون الشـعر ولـون البشرة وشكل وحجم الجسم طويل أو قصير وغير ذلك من المظاهر المختلفة.

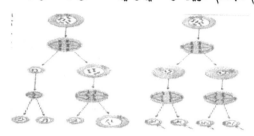

شكل (٦)

تطور نمو الخلية الجرثومية

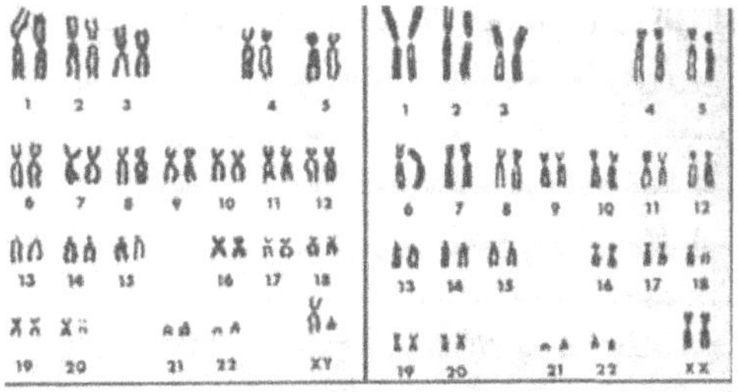

الذكر الأنثى

شكل (٧) كروموسومات الخلايا الذكرية والأنثوية

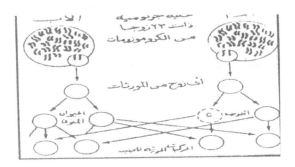

شكل (٨)

الاتحاد بين الخلية الذكرية والأنثوية

٢. العوامل البيئية :

البيئة هي المجال الذي يوجد فيه الفرد، ولها أهميه كبيرة في نمو الفرد وأكد بعض الباحثين إلى أن هناك أربع أنواع من البيئة تتفاعل مؤثراتها وتتداخل بصوره يصعب الفصل بينهما وهي:

* البيئة البيولوجية (رحم الأم):

في بيئة رحم الأم تنمو البويضة المخصبة وتنقسم داخله، والبيئة البيولوجية داخل الرحم تلعب دورا مهما في إنتاج طفل سليم.

* البيئة الجغرافية (الطبيعية):

وهى الظروف الطبيعية المحيطة بالفرد، كعوامل الطقس والمناخ وقد أثبتت العديد من الدراسات تأثر نمو الأطفال بنقاء الجو الذي يعيشون فيه، فأطفال الريف ينمون بشكل أسرع من أطفال المدن الصناعية المزدحمة بالسكان والمعرضة لتلوث البيئة.

* البيئة الاجتماعية:

الإنسان كائن بيولوجي معقد التركيب والبيئة الاجتماعية هي التي تعمل على إعطائه صفة الاجتماعية، حيث انه يميل إلى العيش مع غيره من الناس، يؤثر فيهم ويتأثر بهم بشكل واضح والبيئة الاجتماعية هي التي تحول من كائن بيولوجي إلى كائن اجتماعي.

* البيئة الثقافية:

يتضمن الإطار الثقافي أساليب العادات والأعراف والتقاليد والقيم السائد داخل المجتمع، ويتأثر الفرد بنمط مجتمعة الثقافي السائد والذي يؤثر في أساليب تنشئته، إذ أن الثقافة تختلف وتتباين من مجتمع لآخر. وأحيانا داخل المجتمع نفسه / لذلك نلاحظ اختلاف الثقافة بين الأفراد في مناطق الحضر والأفراد في مناطق ريفية.

٣.   التعلم والنضج :

إن النمو يعتمد على عمليتين أساسيتين هما التعلم والنضج فهما وجهان لحقيقية واحدة هي النمو، أي أن النمو = النضج + التعلم. فالنضج هو عمليه نمو وتطور داخلي يحدث للفرد من بداية مرحلة الإخصاب ويستمر خلال مراحل النمو المتتالية ويتم بطريقة لا إرادية لا دخل للفرد فيها.

أما التعلم فهو عملية أساسية تحدث في حياة الفرد باستمرار نتيجة للخبرة والممارسة واحتكاكه بالبيئة الخارجية واكتسابه أساليب سلوكية جديدة تساعده على التكييف مع البيئة وملائمة النفسية لما تتطلبها. ويتميز التعلم عن النضج في

أن التعلم عملية إرادية تحدث بتأثير الرغبة وإرادة الفرد، أما النضج فيحدث لا إراديا أي يحدث بصورة تلقائية في أي وقت دون إرادة الفرد.

والتعلم عمليه شاملة تتناول جميع جوانب الإنسان، أي أن التعلم يحدث من الجانب العقلي والانفعالي والاجتماعي والتعلم والنضج يؤثران معا في عمليه النمو، فلا نمو بدون نضج ولا نمو بدون تعلم.

وقد أجريت العديد من الدراسات العلمية حول العلاقة بين التعلم والنضج وخرجت باستنتاج مهم وجود علاقة ايجابية بين التقدم في مستوى النضج والتعلم. فالفرد لا يستطيع أن يتعلم مهارة معينه إلا بعد الوصول إلى مستوى مناسب من النضج. وقد حدد جيزيل العلاقة بين النضج والتعلم وفق ما يأتي:

١. لا يؤدي التعلم الحركي المبكر إلى زيادة التحسن في الأداء، بل يمكن أن يؤدي إلى العكس للفشل واليأس.

٢. لحدوث التعلم لابد من حدوث الممارسة والتدريب، إذ أن النضج وحده غير كاف لحدوث التعلم.

٣. زيادة نضج الفرد قد تقلل المدة اللازمة للتعلم.

٤. لا يمكن اكتساب أي مهارة حركية دون الوصول إلى مستوى معين من النضج الذي يتناسب مع مستوى تلك المهارة، فتعلم مهارة حركية معينة لا يمكن أن يتم دون الوصول إلى مستوى معين من نضج العضلات ومرونة المفاصل.

٤. الغدد:

وهى عبارة عن مجموعة من الخلايا الإفرازية انضمت لبعضها لبعض لتكون نسيج غدي متخصص في عملية الإفراز، وإفرازات هده الغدد تحقق هدف من

اثنين أولهما اتصال هذه الغدة أو الخلية المفرزة بالخلية المجاورة لها أو خلية بعيده عنها أو التأثير الذاتي على نفس الخلية. والهدف الثاني ممكن أن يكون للحماية من البيئة المحيطة بها ويحتوى الجسم على الغدد القنوية وهى التي تطلق إفرازاتها في قنوات خاصة مثل الغدد العرقية والغدد الدمعية والغدد اللعابية.

والنوع الثاني من الغدد. الغدد الصماء وهى التي تقوم بإفراز مواد كيمائية عضوية تسمى الهرمونات في الدم مباشرة، وتعتبر الغدد الصماء ذات أهميه كبيرة في التأثير على عملية النمو ومن أهم هذه الغدد الصماء هي:

* الغدة النخامية:

ويكون موقعها تحت سطح المخ ولها فصان أمامي وخلفي وتعتبر همزة الوصل بين جهاز الغدد والجهاز العصبي، حيث يعتبر الفص الأمامي غدي بينما يعتبر الفص الخلفي عصبي، وتسيطر الغدة النخامية على نشاط الغدد الصماء الأخرى وتنظيم إفرازاتها، فالفص الأمامي يتحكم في هرمون النمو وهو هرمون بروتيني يعمل على تنشيط نمو العضلات والهيكل العظمي والنسيج الضام، ولهذا فان هرمون النمو ينشط النمو بوجه عام للجسم، وهو يتحكم في العديد من عمليات الأيض فيعمل على تنظيم أيض البروتين والدهون والكربوهيدرات والاليكتروليتات، والعمل على تنشيط انقسام الخلايا ونمو الجسم وبنائه، ونقص هذا الهرمون يؤدي إلى تأخر النمو في الأطفال صغار السن ويؤدي إلى ما يسمى (القزمية) وعلى العكس فإن زيادة إفرازات هدا الهرمون تؤدى إلى ما يسمى (العملقة)، وهرمون البرولاكتين ينتج من خلايا في الفص الأمامي للنخامية ويعمل على تنبيه نمو الغدة اللبنية وإفراز اللبن بعد

الولادة. فيما يوثر الفص الخلفي وهو الجزء من الغدة النخامية والذي يحتوي على النسيج العصبي على ضغط الدم وتنظيم السوائل في الجسم وتنشيط عضلات القناة الهضمية كما تسبب انقباض الرحم أثناء الولادة.

* الغدة الصنوبرية:

وتقع هذه الغدة تحت سطح المخ عند قاعدته وتسبب بعض اضطرابات النمو والنشاط الجنسي نتيجة زيادة إفرازاتها.

* الغدة الدرقية:

ويكون موقعها في العنق على جانبي القصبة الهوائية وتتكون الغدة الدرقية من فصين متصلين من أسفل يبعضهما عن طريق برزخ موجود على السطح الأمامي للقصبة الهوائية، وهرمونات الدرقية هامة جدا بالنسبة للنمو الطبيعي والتطور، ومن وظائفها تنظيم عملية الأيض بصفة عامة،وتقوم الغدة الدرقية بتنظيم إنتاج الطاقة واستخدامها وتؤثر على كل عمليات البناء والهدم الخلوي، وتقوم الغدة الدرقية بإفراز هرمون الثيروكسين المعروف باسم (ت ٤) رباعي اليود، وهرمون ثلاثي يوديد الثيرونين المعروف باسم (ت ٣) ثلاثي اليود، المشتقان من الحمض الأميني تيروسين، وفي بعض الحالات التي يحدث فيها انخفاض نشاط الغدة الدرقية عند الولادة ولم تعالج ينتج عنها تأخر في نمو الجسم ويسبب فيما يعرف مرض التقزم يتميز فيه المريض بقصر القامة وكذلك بانخفاض مستوى الذكاء نتيجة لنقص تكوين ونضج أنسجة الجسم، كما انه يؤثر على القلب فنجد انخفاضا في معدل ضربات القلب وضغط الدم وخمول في نشاط المعدة والأمعاء، وهو هام جدا لإنتاج الحرارة واستهلاك الأوكسجين،

أما الزيادة في نشاط الغدة الدرقية فتؤدى إلى تضخم في حجم الغدة الدرقية بالرقبة ويعرف بمرض (الجويتر)، وتزداد ضربات القلب ويرتفع ضغط الدم وزيادة درجة حرارة الجسم، وكذلك تؤدي زيادة نشاط الغدة الدرقية إلى جحوظ العينين وهو يصيب النساء أكثر من الرجال، كذلك فانه يحدث في أي مرحلة من مراحل العمر.

* الغدد جارات الدرقية:

وهي أربعة أجسام غدية صغيرة - بيضاوية الشكل - اثنان على اليمين واثنان على اليسار وكل غدة من الغدد جارات الدرقية ترقد في داخل نسيج الغدة الدرقية محاطة بنسيج ضام على شكل كبسولة وهذا النسيج الضام يفصل الغدد جارات الدرقية عن الغدة الدرقية، وتوجد في السطح الخلفي للغدة الدرقية وتقوم بإفراز هرمون الباراثيرود والذي يعتبر أهم إفراز داخلي منظم لتركيز الكالسيوم والفسفور في السوائل خارج خلوية. وهذا الهرمون يفرز (في مجرى الدم) من خلايا الغدد جارات الدرقية حيث يصل إلى خلاياه الهدف في العظام والكلية، والذي يعمل على إصلاح أي نقص في نسبه عنصر ـ الكالسيوم بالدم ويعيده إلى مستواه الطبيعي مرة أخرى، إن نقص هذا الهرمون يؤدى إلى اضطرابات عضلية وعصبية وزيادة في سرعه التنفس وزيادة نسبه الأدرينالين في الدم وحدوث تشنجات أو تقلصات عضلية قد تؤدى إلى الوفاة، أما زيادة الغدد جارات الدرقية فإنها تؤدى إلى تضخم الغدد الدرقية وعدم تكلس العظام والذي يؤدي بدوره إلى مرض هشاشة العظام.

* الغدة الثيموسية:

وتقع هذه الغدة في التجويف الصدري وظيفتها الأساسية كـف النمـو الجنسيـ وهـي تضمر عند بلوغ الطفل بسبب نقص الإفراز الجنسي المبكر.

* الغدة الجاركلوية:

وهما غدتان صغيرتان متناظرتان تقع كل واحده منهـا فـوق القطـب العلـوي للكليـة، غدة فوق الكليـة اليمنـى وأخـرى فـوق الكليـة اليسـرى، وتتكـون الغـدة مـن جـزأين، الجـزء الخارجي يسمى القشرة ويكون ٩٥ % من الغدة أما الجزء الداخلي فيسـمى بالنخـاع ويكـون ١٠% من الغدة، والغدة الكظرية لازمة للبقاء على قيد الحياة، ومن أهم وظائفهـا هـو حمايـة الإنسان من كل أنواع الضغوط المختلفة، كذلك فان هذه الغدة تعمل عـن طريـق هرموناتهـا ضد الضغط المفاجئ أو الإصابة أو حـالات الجـوع والعطـش لفتـرات طويلـة. وتفـرز القشـرة هرمونات الكورتيزول، الاندروجين الالدوستيرون، وإن النقص في هرمونـات القشـرة يـؤدى إلى فقدان الشهية للطعام، والضعف العام والإجهاد وسرعة ظهور التعب ونقص في الـوزن ونقـص في مستوى الجلوكوز في الدم واضطراب في الجهاز الهضمي، أمـا الزيـادة في هرمونـات القشـرة فتؤدى إلى تغيرات في الجلد وارتفاع ضغط الـدم وضعـف في العضـلات ونخـر في العظـام، العطش الشديد وكثرة التبول.

* الغدد الجنسية:

يطلق على الغدد الجنسية عند الـذكر الخصيتان وموقعهـا خلـف القضـيب، أمـا عنـد الأنثى فيطلق عليها المبيضان وموقعها في حوض الأنثى. إضافة إلى أن

كلا من الخصية والمبيض يقومان بوظائفهما كغدة صماء من حيث إفرازهما للهرمونات الاسترويدية وغير الاسترويدية، الهرمونات الأنثوية هي هرمون الاستروجين والبروجسترون أما الهرمونات الذكرية فهي، التستستيرون والاندروسترون.

النقص في إفراز هرمون الغدة الجنسية يؤدى إلى نقص في نمو الخصائص الجنسية الثانوية وقد يؤدى إلى الإصابة بالعقم أما الزيادة في إفراز هذا الهرمون فإنه يسبب البكور الجنسي ومن أهم وظائفها هو النمو عن طريق إفراز الهرمون الجنسي ـ والتكاثر عـن طريـق البويضات عند الأنثى والحيوانات المنوية.

شكل (٩)

الغدد الصماء وأماكنها في الجسم

الفصل الثاني
النمو البدني للطفل

- النمو العضوي والعقلي في مرحلة الرضاعة

- النمو العقلي

- الظواهر الإدراكية

- الإدراك

- نمو إدراك البصر

- نمو إدراك السمع

- الحواس الأخرى

- اللغة

- مراحل الصوت

- الكلام المبكر

- التوجيه والاهتمام والاعتياد

- التعلم

- حل المشكلات

- المنطق

الفصل الثاني
النمو البدني للطفل

- مقدمة

عند ولادة الطفل تكون لديه بعض الخصائص الذاتية من حيث مـا يسـتطيع أن يقـوم به من استجابات وما يمكن أن يصل إليه من النمو البـدني، فالطفـل بعـد ولادتـه يتحـول مـن جنين إلى وليد ثم إلى رضيع وفيها يكون معتمدا في كل متطلبات حياته على أمه، بعـدها ينمـو ويتطور حتى يصل إلى فطيم ومع هذا النمو تتطور أجزاء جسمه الداخلية ويزداد طوله ووزنه وينمو هيكله وتحدث تغيرات وتطورات في كافة أجزاء جسـمه تهيـأ للحيـاة الجديـدة ويبلـغ طوله حوالي ٥٠ سم، ويصل محيط جمجمته حوالي ٣٥ سم، ويكـون رأس الطفـل عنـد ولادتـه كبيرا بالنسبة لجسمه، إذ تبلغ نسبته حوالي ٤/١ طول الجسم، ويصل وزنه إلى حـوالي ٣ كغم، ويصل الطفل في نهاية عامه الأول إلى ما يقـرب من ٧٤ سم، ويصـل وزنـه إلى حـوالي ٦ كجم، ويستمر الطفل في النمو والتطور حتى يصل طوله في عامه الثاني إلى ٨٤ سم، أمـا وزنـه فيصـل إلى حوالي ١٠ كجم، ومن أهم ما يتميز به نمو الطفل في هذه المرحلة من العمر هو سرعـة نمـو الوظائف الحسية والتي تنقسم إلى السمع - والبصر- والشم- والإحسـاس باللمـس- والضـغط- والألم - والسخونة- والبرودة، وفيها ينمو ويتطور الجهاز

العصبي ويزداد تعقيدا وتفصيلا،وكذلك الجهاز التنفسي. والجهاز الهضمي والجهاز البولي والتناسلي.

الذكور					الإناث				
السن	الوزن		الطول راقدا		السن	الوزن		الطول راقدا	
	رطل	كجم	بوصة	سنتيمتر		رطل	كجم	بوصة	سنتيمتر
عند الولادة	٧.٤	٣.٤	١٩.٨	٥٠.٣	عند الولادة	٧.١	٣.٢	١٩.٨	٥.٣
٣ شهور	١٤.٣	٦.٥	٢٤.١	٦١.٢	٣ شهور	١٣.٠	٥.٩	٢٣.٣	٥٩.٢
٦ شهور	١٨.٧	٨.٥	٢٦.٥	٦٧.٣	٦ شهور	١٧.٠	٧.٧	٢٥.٨	٦٥.٥
٩ شهور	٢١.٧	٩.٨	٢٨.٣	٧١.٩	٩ شهور	١٩.٧	٨.٩	٢٧.٦	٧٠.١
١٢ شهر	٢٣.٨	١٠.٨	٣٠.٠	٧٦.٢	١٢ شهر	٢١.٩	٩.٩	٢٩.٢	٧٤.٢
١٨ شهر	٢٦.٩	١٢.٢	٣٢.٥	٨٢.٦	١٨ شهر	٢٥.٠	١١.٣	٣١.٩	٨١.٠

شكل (١٠)

النمو البدني الوزن والطول للطفل من الولادة حتى سنة ونصف

وحتى يتم نمو الطفل طبيعيا لابد من الاهتمام بالهرمونات والأملاح المعدنية والفيتامينات كالكالسيوم والصوديوم والفسفور والحديد إضافة إلى الفيتامينات ومنها فيتامين د الذي يساعد على نمو العظام، حيث أنّ نقص هذا الفيتامين يؤدي إلى العديد من الأمراض الخطيرة عند الطفل ومن أهمها الكساح.

وعموما لابد هنا من التأكيد على ضرورة مراقبة وزن وطول الطفل بانتظام وبشكل مستمر وذلك لكونها تمثل المؤشرات الحقيقية لنمو الطفل بشكل سليم في هذه المرحلة.

- النمو العضوي والعقلي في مرحلة الرضاعة

* (من الولادة حتى السنة الثانية)

قال الله تعالى في كتابه الكريم: ﴿ وَوَصَّيْنَا الْإِنسَانَ بِوَالِدَيْهِ إِحْسَانًا ۖ حَمَلَتْهُ أُمُّهُ كُرْهًا وَوَضَعَتْهُ كُرْهًا ۖ وَحَمْلُهُ وَفِصَالُهُ ثَلَاثُونَ شَهْرًا ﴾ الأحقاف: ١٥

يمكن عد النمو البشري سلسلة متلاحقة الحلقات من مراحل نمائية ترتبط بالعمر وتتميز الواحدة منها بعدد من الخصائص العضوية والعقلية والطباعية والاجتماعية المترابطة، ويشكل النمو العضوي حجر الأساس لكل أنواع النمو، إذ تحكم المبادئ التي يخضع لها ضروب النمو الأخرى.

- النمو العقلي

يمكن معاينة النمو العقلي للرضيع من وجهتي نظر على الأقل هما:

١. **الجانب العقلي الكمي الذي يحدد كمية ما يمتلكه الرضيع من القدرة العقلية بالنسبة لأقرانه الرضّع.**
٢. **نوعية النمو العقلي النفسي الذي يحدد نوع القدرات والمفاهيم التي يبديها الطفل وكيف تنمو تلك القدرات والمفاهيم خلال السنتين الأوليين من الحياة.**

* الجوانب الكمية للنمو العقلي:

تشمل أدوات قياس الذكاء البشري في العادة عددا من الروائز الفرعية يهدف كل منها إلى قياس نوع محدد من القدرة العقلية ويشمل كل جانب عددا من البنود المتزايدة الصعوبة تتحدد صعوبة البند بإجابة عينة كبيرة من المبحوثين

تسمى الفئة المعيارية للبند افرض مثلا أنّ بندا لقياس ذكاء الرضيع يتطلب رفع الرأس وأنّ تسعين بالمائة من عينة كبيرة من أطفال الشهر الثالث استطاعت رفع رأسها وجب في هذه الحالة عد بند رفع الرأس سهلا لأبناء الشهر الثالث افرض من طرف آخـر أن ١٠% فقط مـن أبناء الشهر الثالث استطاعت إطلاق الشيء صعبا بالنسـبة لأبنـاء الشهـر الثالـث تضم أغلب قياسات الرضع البنود التي يستطيع أداءها ٧٥% من أبناء السن الذي نهدف لقياس ذكائهم وتخفف النسبة من ٧٥% إلى ٤٠% وذلك للحصول على بنود متدرجة في صعوبتها.

يمكن تنقيط أغلب القياسات العقلية لحساب العمـر العقلـي بعـد الأشهر التـي يحصل عليها المفحوص في إجاباته على بنود الرائز فالطفل الذي ينجز بصواب عـددا مـن البنـود مماثلا للعدد الذي ينجزه أبناء السنة الأولى يمتلك عمرا عقليا من سنة واحدة بصرف النظر عـن عمـره الزمني وضربه بمائة معامل ذكاء ذاك الطفل. فمعامل الذكاء مؤشر للذكاء النسبي للفرد ضمن مجموعة من أقرانه.

ومن الواضح إذا أنّ طفلا بعمر عقلي يتخطى عمره الزمني إنما هو أذكى من المتوسط وأنّ معامل ذكائه يتخطى المائة بالتأكيد في حين أنّ طفلا يـنخفض عمـره العقلـي عـن عمـره الزمني ينخفض معامل ذكائه عن المائة مشيرا إلى عجزه عن أن يكون متوسط الذكاء تختلف آراء علمـاء نفس الطفل في تقدير قيمة قياسات الذكاء وفائدتها واستخدامها ويشير العديد مـن الأبحـاث إلى أنّ أساليب تحديد ذكاء الأطفال تعجز عن أن تكون قياسـات دقيقـة للـذكاء وعـن أن تتنبـأ عـن ذكاء الأطفال في المستقبل وذلك بالنسبة لعدد كبير مـن مسـتويات الـذكاء (بـايلي ١٩٦٩) يمكن لروائز الذكاء برغم ذلك إن هي استخدمت إلى جانب مؤشرات

أخرى مثل المستوى الاقتصادي والاجتماعي للوالدين أن تمتلك قدرة تنبؤية رفيعة ويمكن لروائز الذكاء إن هي استخدمت مع الملاحظة السريرية أن تشخص بمنتهى الدقة ضروب الشذوذ العقلي وخاصة منها ما يرتبط برضوض الدماغ.

لا بد من الإشارة إلى أنّ روائز ذكاء الرضع مختلفة تماما عن الأدوات التي تستخدم لقياس ذكاء الناشئة الكبار والراشدين فروائز ذكاء الرضع تقيس فعاليات الرضع المختلفة مثل الوصول إلى الأشياء والقبض والتتبع البصري لها كما تقيس القدرة على التقليد وعلى ترتيب المكعبات المختلفة الأشكال كلا في ثقبه والتعرف على الصور ويترك غياب اللغة من روائز ذكاء الرضع فراغا يسيء إلى قدرتها التشخيصية التفريقية التنبؤية ذلك لأنّ اللغة تلعب دورا أساسيا في تفكير الأطفال الكبار والراشدين وفي حلهم للمشكلات ومن هذه الناحية ترتبط المهارة اللغوية ارتباطا وثيقا بالقدرة العقلية وعلى كبار الأطفال والراشدين إتباع التعليمات اللفظية للفاحص والاستجابة لها بصورة لفظية أيضا لهذا يعتقد الباحثون أنّ عجز روائز ذكاء الأطفال الصغار عن التنبؤ بقدرتهم العقلية اللاحقة يرجع إلى عجز أولئك الصغار عن الاستجابة للروائز اللغوية أي إلى انعدام اللغة في روائز الصغار والسبب الآخر الذي يجعل روائز ذكاء الرضّع ضعيفة القدرة على التنبؤ إنما هو الرضّع أنفسهم إذ تتطلب عملية الروز التعاون بين الفاحصين والمفحوصين إلاّ أنّ انفعالية الرضيع وتشتت انتباهه يجعلان من الصعب تحديد ما إذا كان العجز عن أداء الفعل يرجع إلى نقص في القدرة العقلية الملائمة أم إلى عجز الرضيع عن تركيز الانتباه وبالإضافة إلى صعوبة التقرير عمّا إذا كان الأداء

يعكس القدرة العقلية بدقة في عمر ما فإنّ ثمة مشكلة أخرى تقوم في العجز عـن تفسـير استجابات الرضيع على روائز الذكاء.

وأخيرا فـإنّ كـون الـذكاء قـدرة كميـة غـير ثابتـة تتـأثر باسـتمرار بالعوامـل الخارجيـة المحيطية هو السبب الثالث الذي يجعل من روائز الرضّع أدوات عقلية ضعيفة التنبؤ وصحيح أنّ ثمة حدودا تقف عندها آثار المحيط في القدرة العقلية إلاّ أننا ما زلنا نجهل تلـك الحـدود هذا بالإضافة إلى أنّ الكثيرين من الأطفال ينشئون في أوساط فقيرة أو عقيمة تحول دون تفتح قدراتهم العقلية في الوقت الملائم فإذا ما اغتنى وسط الطفل أو افتقر انعكس ذلك في أدائه في الروائز العقلية وشوش عمليات التنبؤ عن الأداء في المراحل اللاحقة من العمر.

- الظواهر الإدراكية

* نوعية النمو العقلي :

تتحدد نوعية النمو العقلي بنمـو الظـواهر العقليـة وتـراكم المضامين العقليـة تشـكل الظواهر العقلية وظائف عقلية مثل الإدراك والتعلم وحل المشكلات والتفكير وشكل اللغة أمّا مضامين العمليـات العقليـة فتـتجلى في نتـائج الظـواهر العقليـة أو محصـلاتها أو مـا يسـمى بالمعرفة وهذا ما يمكن أن يوصف بمحتويات عقل الطفل وسنصف كـلا مـن الظـواهر العقليـة ومحتوياتها خلال السنتين الأوليين من الحياة.

شكل (٩)

تطور إدراك الطفل وفهمه للأشياء

- الإدراك :

يتمثل الإدراك بالفعالية التي تتعرف بها على العالم الخارجي عن طريق حواسنا ويتطلب نمو القدرة الإدراكية تزايدا تدريجيا متصاعدا في حساسية أعضاء الحس لدى الطفل للمعلومات التي يقدمها الوسط إلى جانب القدرة المتزايدة لتسجيل تلك المعلومات ربما حقق الإدراك من بين سائر الظواهر العقلية الأخرى أشد ضروب التقدم خلال السنتين الأوليين من سنين الحياة.

- نمو إدراك البصر:

درس بصر الرضّع أكثر وأعمق من دراسة سائر الحواس الأمر الذي يشحذ معرفتنا عن نمو القدرة الإدراكية لا يكتمل نمو العين عند الولادة وتستمر التغيرات الخلوية في الشبكية حتى الشهر الرابع وهذا ما يؤثر في الحدة البصرية للرضيع ثم أنّ الرضيع يميل إلى بعد النظر وذلك لقصر المسافة بين العدسية والشبكية عما ستكون عليه لاحقا وهناك جوانب أخرى من الجهاز البصري

يكتمل نموها مع الزمن وذلك مثل تغلف العصب البصري بالغمد الشحمي مـما يـؤثر في القدرة البصرية للطفل.

تنمو الحدة البصرية التي تشمل القدرة على التمييز بين خطوط مختلفة العرض خـلال السنة الأولى وقد قام الباحث(فانتس) باستخدام إجراء تفضيليا يقيس الوقت الـذي يصرفه الرضيع للالتفات إلى مثيرات مختلفة الشدة أداة لقياس القدرة البصرية عـلى التمييـز ووجـد الباحث أنّ بإمكان أبناء الأسبوعين أن يميزوا بين شرائط يبلغ عرضها ١سـم تقريبا مـن مسـافة ١٥سم كما أن بإمكانهم تمييز شريط بعرض ١/٦٤ من السنتمتر عندما يبلغون الشـهر السـادس وقد ظهر تقدم مماثل لتطور التمييـز البصري في التتبع البصري ففي حـين يسـتطيع الوليـد الجديد النظر باتجاه جسم متحرك بكلتا عينيه فإنه لا يستطيع تتبع ذات الشيء المتحرك إلاّ في الشهر الثالث أو الرابع. لقد بذلت جهود مكثفة لتحديد نوع المثيرات الحسية التي يسـتجيب لها صغار البشر أو يفضلونها إنه من الصعب معرفة ما إذا كان الأطفال يرون الألـوان فعـلا إلا أن البنية البصرية الملائمة قائمة لديهم منذ الولادة وقد وجـد أنّ أبنـاء الشـهر الرابـع ينتبهـون لموجات الأزرق والأحمر لفترة أطول من انتباههم للموجات الأخرى.

أُجري عدد من الدراسات لفحص انتباه الأطفال للوجوه ولتحديد السـن التـي يبـدءون فيهـا ذلك الانتباه يبدو أنّ الرضّع يأخذون بالتطلع إلى الوجوه وخاصة منطقـة العـين في حـوالي الأسـبوع الثالث أو الرابع ويفضل أبناء الشهر الرابع الوجوه التي تمتلك ملامح عاديـة عـلى نظيرتهـا تلـك التـي يبدو فيها التعقيد أو التشويه.

وثمة أدلة علمية على ميل الأطفال لتفضيل المثيرات المعقدة كلما تدرجوا في العمر تحدد تفضيلات الأطفال بعرض شكلين في حقل إدراكي محدد فوق رأس الوليد ويلاحظ تثبيت الطفل لعينيه في الشكلين عبر ثقب في الجدار.

ومن الممكن مراقبة انعكاس الشكل في شبكية الطفل والتعرف من خلالها على الشكل الذي كان الطفل يتطلع إليه. كما أنّ من الممكن بضبط الزمن الذي صرفه الرضيع في التحديق بالأشكال تحديد تفضيلاته لها وقد وجد أنّ الأطفال منذ عمر مبكر جدا يميلون إلى تفضيل المثيرات التي تشكل نمطا محددا على المثيرات التي لا تخضع للتصنيف والتنميط وذلك باستخدام أنواعا مختلفة من الأشكال والأشياء.

وتأكد الباحثون من أنّ أبناء الشهر الثاني أبدوا تفضيلات واضحة في هذا المجال كما ظهر أنّ أبناء الأسبوع الثالث عشر يفضلون الخطوط المنحنية على المستقيمة والمركزة على المشتتة إلاّ أنّ الجدل ما يزال قائما بصدد تعقد الإدراك البصري للطفل فعلى الرغم من الاتفاق العام حول تفضيل صغار الأطفال للمثيرات البسيطة ((المنمطة)) فإنّ مسار النمو بعد ذلك يبقى غير واضح.

كما أنّ للنمو البصري جانب آخر يتمثل بإدراك العمق وقد وضع (جبسون وواك) في دراسة تقليدية لهما عددا من الرضّع على حافة جرف وشمل الجرف صفيحة زجاجية سميكة يقوم جزء منها على طاولة مغطاة بغطاء رسمت عليه رقعة شطرنجية ويمتد جزؤها الآخر عبر مساحة مكشوفة مسند بساقين وتحت المساحة المكشوفة المغطاة بالزجاج يوجد مزيد من الرقعة الشطرنجية التي يستطيع الطفل رؤيتها ولما كانت المربعات على الأرض أكثر

بعدا من نظيرتها التي تشكل غطاء الطاولة فإنها تزود الطفل بالدلائل التي تظهر العمق هذا إذا ما استطاع الطفل استخدامها وقد تبين أنّ الرضّع الذين وصلوا إلى عمر يستطيعون فيه الزحف (٤-٦ أشهر) والذين وضعوا على طرف الطاولة المغطاة بالرقعة الشطرنجية تجنبوا الزحف عبر الجانب العميق من الصفيحة الزجاجية ويستنتج من ذلك أنّ لأغلب الأطفال القدرة على إدراك العمق في هذا العمر.

ليس واضحا الزمن الذي يدرك فيه الأطفال استمرارية الحجم والشكل والتي هي إجراء تصحيحي يقوم به الدماغ ليساعد الفرد المدرك على رؤية الأشياء البعيدة بالحجم نفسه الذي ترى فيه عن كثب فلقد ادعى (باور) أنّ بعض مظاهر الشكل والحجم توفرت للرضع في الأشهر القليلة الأولى من العمر إلاّ أنّ باحثين آخرين يعتقدون أنّ تلك القدرات تتأخر حتى نهاية السنة الأولى ويبدو أن الخلاف يرجع إلى استخدام الباحثين قياسات مختلفة لتحديد الحجم والمسافة.

- نمو ادراك السمع:

يعمل الجهاز السمعي للوليد منذ البدء لكن بصورة محدودة إذ أنّ السائل الرحمي يبقى لوقت ما في القناة السمعية ويعيق جزئيا ذبذبة عظام الأذن الوسطى وتعاق ذبذبة تلك العظام أيضا بسبب النسج الرابطة إذ أنّ انحلال تلك النسج يزيد من استجابة الأذن لعدد واسع من الأصوات. يستطيع الوليد أن يسمع على الرغم من تلك التحديدات خاصة عندما تعتدل شدة الصوت يرى أبلتون ورفاقه أنّ الأطفال يستجيبون للأصوات بعدد من السبل منها ارتياحهم أو يقظتهم لها أو نفورهم منها ويبدو أنّ للمثيرات المستمرة الضعيفة الشدة أثرا

مهدئا على الرضّع بالنسبة للضوء والصوت على السواء فلضوء الخافت في غرفة الرضيع أثر مهدئ تماما كما هو الأمر بالنسبة للأصوات الناعمة. يبدو أنّ رضّع البشرـ يستجيبون للصوت البشري بشكل جيد إذ يستطيعون خلال أشهرهم الثلاثة الأولى إدراك المقاطع الصوتية مثل: با، غا، لا، نا. ويستجيب الرضع للنغم في كلام الراشد، فقد حرك الرضع من عمر ١٢-١٤ يوما أجسامهم لنغم كلام الراشد سواء أكان مباشرا أم بوساطة أداة تسجيل.

واستخدام الباحثون مقاطع إنكليزية وصينية للتأكد من أن الحركة قد حدثت بسبب النغم وليس بسبب آخر فتبين أنها حدثت بالنغم.

يبدو أنّ بعض المثيرات السمعية مثل الأصوات التي لا تزيد على كونها مجرد ألحان يزيد تواترها على أربعة آلاف دورة في الثانية تضايق الرضّع، كما تبعث أصوات الضجيج المفاجئة في الرضع ردودا إجفالية وتزيد من تسارع القلب، يبدو أنّ الفجائية هي التي تضايق الرضيع إذ أنّ نظيرة تلك الأصوات التي تقدم تدريجيا لا تحدث ردود الفعل المشار إليها.

شكل رقم: 15:6

الهوة البصرية التي استخدمت في دراسة العمق عند الرضيع

شكل رقم: 16:6

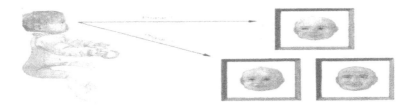

شكل (١٠)

إدراك البصر عند الطفل

- الحواس الأخرى:

إنّ معرفتنا عن الذوق والشم واللمس أقل كثيرا من معرفتنا عن البصر والسمع فلتلك الحواس وظائف بدائية تتحدر كاملة النمو مع الوليد وتبدي القليل من النضج بتـدرج الأخير في النمو، وبالرغم من بساطة تلك الحواس فإنها كما يؤكد جبسون تمثل أجهزة حسية بقدر مـا تتفاعل مع الظواهر الحسية

الأخرى ومع الأفعال الحركية، وسرعان ما يرتبط الشم والذوق بالإحساس البصري وبفعل القبول أو الرفض، يولد الرضيع وله براعم ذوقية كاملة على لسانه ذات ارتباط عصبي كامل بالدماغ ويعجز المخلوق البشري عند الولادة عن تمييز الحامض من المالح من الحلو غير أنه وبعد ثلاثة أشهر تقريبا تظهر لديه التفضيلات الحسية ويستطيع التعرف على تغيرات خليط الحليب وعلى زيادة كمية السكريات فيه، فيبدي الأطفال في ذلك العمر كراهيتهم لبعض الطعام ببصق ما يعطونه منه.

ينمو الشم بصورة مبكرة تماما حتى لدى الرضّع المبكري الولادة فهؤلاء يستطيعون إدراك بعض فروق الرائحة وينمو تمييز الروائح بصورة سريعة بعد الولادة لقد استجاب الرضع في إحدى الدراسات بصورة جدا تفريقية لخمس من روائح الكحول واشتد رد فعل الطفل وطال بازدياد ذرات الفحم في السائل الكحولي وأكدت دراسات لاحقة بطء نمو حاسة الشم مع ازدياد السن والواقع أن حاسة الشم تظهر قبل سائر الحواس تقريبا وتطول مقاومتها إزاء العطب.

- اللغـة:

اللغة الإنسانية كالعلوم والرياضيات إنجاز فردي واجتماعي، وتعد اللغة حصيلة لآلاف الكلمات والمعاني التي نمت عبر الزمن في فئة اجتماعية معينة بحيث يعجز أي فرد عن أن يتعلم كل ما هو قائم من لغة ما، إلاّ أنّ أعضاء فئة اجتماعية ما يتعلمون لغتها وكيفية استخدامها كوسيلة ناجعة للتكيف الاجتماعي وسنهتم هنا بدراسة اكتساب الفرد للغة وليس بدراسة اللغة كحصيلة اجتماعية.

يستمر علماء نفس النمو بالاهتمام بكيفية اكتساب الأولاد للغة ولقد مس العديد من كتبة سير الأطفال الذين ذكروا في الفصل الأول تلك النقطة في كتابتهم وركزت دراسة اللغة اهتمامها على إيضاح لغة الطفل وكيفية اكتسابه لها ووصف أساليب الاكتساب تلك وقد افترض في المرحلة الأولى من تطور الدراسات النمائية للغة أي بدءا من كتبة السيرة وانتهاء بالحرب العالمية الثانية أنّ تعلم الأطفال يعتمد بصورة رئيسة على تقليد كلام الراشد ولذلك أكدت الدراسات الوصفية الأولى العمر والتلاحق الذي يتعلم وفقه الأطفال أجزاء من الكلام وكيفية بناء الجملة ولقد وجد أنّ الأطفال يتعلمون مثلا الأسماء قبل الضمائر والأفعال والصفات قبل الظروف وكانت حروف الجر والربط آخر ما يتعلمونه وتبين أيضا أنّ الأطفال يتكلمون الجملة البسيطة قبل المعقدة.

لم يكن مهما أن يكتفي الطفل بتعلم المفردات بل أنه لمن المهم للناشئ تعلم قواعد أنها تعكس أنماطا جميلة متباينة لكنه أشار إلى امتلاكها بنية عميقة عامة إذ أنها تمثل تباين المعلومات الأساسية نفسها أما المجموعة الثانية من الجمل فلها بنية سطحية عامة وبنا عميقة متباينة فالصرف واحد غير أن المعنى مختلف.

والذي فعله (تشو مسكي) أنه ربط الصرف الذي كان من الناحية التقليدية نظاما شكليا فارغا بالمعنى والدلالات فلقد أكد الباحث أنّ البنية العميقة للغة تحتوي على مجموعة من القواعد اللازمة لضبط مجموعة ثابتة من الوقائع وذلك بطرق متباينة ولتعبر عن معانٍ مختلفة اقترح (تشو مسكي) إضافة لربطه الصرف بالمعنى نظرية جديدة بصدد الاكتساب اللغوي لذلك وطبقا للنظرية المذكورة لم يكن مهما أن يكتفي الطفل بتعلم المفردات بل أنه لمن المهم

للناشئ تعلم قواعد البنية العميقة التي تساعد على ترتيب المفردات في جمل وعلى فرز المعاني وتمييزها بعضها من بعض.

برزت أعمال (تشو مسكي وهاريس) في المرحلة الثانية من دراسة لغة الطفل وتميزت تلك المرحلة بجهود الدارسين لوصف الصرف التعميمي حيث يستخدم الطفل كلمة مع عدد من الكلمات المتباينة وذلك مثل قوله: ماما فوق، ماما تأكل، وقد وجد (تشو مسكي) بأنّ الصرف التعميمي لا يصف معاني الأطفال بدقة وأنه يعكس بنية عميقة إذ يستطيع الطفل استخدام مفردة واحدة مع عدد من المفردات المختلفة للدلالة على معان وعلاقات متباينة، فعبارة ماما فوق تعكس علاقة فاعل بفعل خلافا لعبارة حقيبة ماما فإنها تعكس علاقة مالك بمملوك.

زاد في عام ١٩٧٠ الاهتمام بأعمال (بياجه) ووجهة نظره القائلة بأنّ "اللغة تشمل

مجموعة من القواعد التوليدية والتي تشتق من فعل الطفل الخاص ومن صوغه للمفاهيم",

وقد تخصصت أكثر الأبحاث بعد العام المذكور في محاولة ربط النمو اللغوي بالنمو الإدراكي ويقوم في الوقت الحاضر تأكيد على مجمل السياق اللغوي لهمسات الطفل وليس على الكلمات الصوتية التي يطلقها وواضح أنّ كثيرا من المعلومات قد جمعت لمعرفة كيف يتعلم الطفل الكلام ؟ ولسوف نراجع مراحل التصويت والنمو التلقفي للغة والأبحاث المعاصرة التي تربط النمو اللغوي بالنمو الإدراكي.

- مراحل الصوت :

ينخرط الناشئ بدءا من ولادته وحتى نهاية الشهر الأول فيما يسمى بالصراخ غير المتميز فيعجز الراشد عن تمييز صراخ الجوع من صراخ الألم أو الخوف إلاّ أنّ الرضّع يتحسسون لصراخهم جيدا فقد ذلت إحدى الدراسات التي عرض فيها الرضع لسماع تسجيل صراخهم وصراخ أقرانهم أن الرضيع أميل للاستجابة لصراخه هو والبكاء له من استجابته لصراخ أقرانه.

يظهر الصراخ التمييزي لدى الطفل خلال الشهر الثاني حيث يعني صراخه للراشد أشياء متباينة مثل الجوع والخوف والضيق ويعمل التعزيز الاجتماعي ومساعدة الراشد التصويتية على تسهيل تميز الصراخ الطفلي بالكم والكيف، وتفيد استجابة الأهل الفورية التفريقية لصراخ الرضيع على الإقلال منه وعلى تقوية مهارة الطفل في الاتصال بالراشد وذلك بين الشهر ٨-١٢ تقريبا.

تسمى المرحلة الثانية من التصويت بالمناغاة وتظهر عند نهاية الشهر الثاني وتستمر حتى نهاية الشهر التاسع يتعلم الطفل في مناغاته المقاطع الصوتية التي تشكل الأساس المتين للمهارة اللغوية وترتبط المناغاة بالنضج العضوي وتؤكد بذلك صفة عموميتها لكل المجتمعات البشرية ويعمل الاحتكاك الوثيق للطفل بالرشاد على مساعدة الأول على التخلص من الأصوات الزائدة وعلى إجادة نطق المقاطع المكونة للغة، فالمناغاة سبيل الطفل الأساسي لتعلم لغة الوالدين.

ويبدأ الرضيع خلال الفترة الأخيرة من المناغاة وذلك من نهاية الشهر السادس إلى الشهر الثامن بإطلاق أصوات تكرارية مثل بابا أو ماما ماما وتشمل الأصوات تكرار المقاطع الصوتية والصامتة يقال أنّ الطفل يتعلم الأصوات ليلعب

بجهازه الصوتي ويدربه لا ليتواصل مع الراشد ـ إذ يقوم العنصر ـ المثير لمناغاة الطفل في أصواته وأصوات من حوله وليس في حاجته للتواصل بالآخر وعلى العموم فإنّ المناغاة تضع حجر الأساس لتوليد الأصوات اللغوية التواصلية.

يتحرك الطفل في بداية الشهر العاشر نحو الفترة الأخيرة من المرحلة قبل اللغوية التي تتمثل بالتقليد الصوتي لكلام الراشد، وعلى الرغم من قدرة الرضيع على تمييز صوته من أصوات الآخرين ومن أصوات سائر الرضّع فإنّ التمييز الصحيح لأصوات الكلام يتأخر ويحدث في الشهر العاشر حيث يبدأ الرضيع في تمييز كلمات الراشد والاستجابة لها، ولاشك أنّ بعض الأولاد يفهمون بعض الكلمات مثل نعم ولا ولكن يجب عند استجابة الطفل لمجمل الموقف وليس للكلمة نفسها ويستطيع الرضيع في نهاية السنة الأولى تمييز الأصوات الأساسية في لغة الوالدين ومحاكاتها.

-   الكلام المبكر :

ليس سهلا دوما معرفة متى يطلق الطفل كلمته الأولى ذات المعنى لأنه عندما يطلق الطفل أولى كلماته يكون الأهل متلهفين لسماع الكلمات التي لا يعدها اللغويون ذات معنى وبصورة متوسطة يبدأ الأطفال بالكلام في حوالي الشهر الخامس عشر إلاّ أنّ هناك فروقا كبيرة بينهم فبعضهم يطلقون كلماتهم الأولى في الشهر الثامن وبعضهم يتأخرون حتى الشهر الرابع والعشرين ويرى بعض العلماء أنّ العمر الذي يبدأ فيه الطفل بالكلام دليل على نموه العقلي المقبل وتدل أبحاث ميد (C. D. Mead) على أنّ الكلمة الأولى تبدأ في الظهور عند الطفل الموهوب في الشهر الحادي عشر وعند المتوسط في الشهر السادس

عشر وعند ضعيف العقل في الشهر التاسع والثلاثين تقريبا. ولكن على الرغم من قيام علاقة إيجابية بين بداية الكلام والنمو العقلي فإنّ الترابط أبعد ما يكون عن الكمال ومن المعلوم أنّ الكثير من الأطفال الأذكياء قد يتأخرون في كلامهم وتدل أبحاث سميث (**M. E. Smith**) على أنّ المحصول اللفظي فيما بين السنة الأولى والثانية يبدأ بطيئا ثم يزداد بنسبة كبيرة تخضع في جوهرها لعمر الطفل ومظاهر نموه الأخرى كما يتضح الأمر من جدول نمو المحصول اللغوي التالي:

جدول (١)

نمو المحصول اللفظي للطفل تبعا لزيادة عمره

العمر بالسنة	عدد الكلمات
١	٣
٢	٣٧٢
٣	٨٩٦
٤	١٥٤٠
٥	٢٠٧٢
٦	٢٥٦٢

وتؤكد نتائج سميث ما تشير إليه بعض الروائز إلى ارتفاع مختزن ابن السنة الثانية من المفردات إلى /٢٥٠/ كلمة وابن السادسة إلى /٢٥٠٠/ كلمة.

يمكن وصف حجم المفردات بأنه اضطرادي التصاعد والازدياد بالمقارنة بقدرة الطفل الصرفية والتواصلية والواقع أنّ ثمة جدالا بصدد كيفية وصف نأمات الطفل الكلامية وتفسيرها يعتقد (تشو مسكي) بأولوية البيئة اللغوية

وبأنّ القدرة اللغوية تسبق الفهم الإدراكي أمّا (بياجيه) وآخرون فيؤكدون الاكتسابية البيئية اللغوية وذلك في محاولة لترميز المعاني غير اللغوية وبإيجاز فإنّ المشكلة تنحل في هذا القالب الجدلي المتمثل بالسؤال التالي: ما الذي يسبق الآخر اللغة أم الفكر ؟ يميل العديد من علماء النفس المعاصرين إن لم نقل اللغويين لعد التطور اللغوي محاولة معقدة ومتقدمة تهدف إلى ترميز أو تمثيل المخططات الإدراكية في مفاهيم عن الذات والعالم وما يدعيه هؤلاء يعارض (تشو مسكي) الذي يؤكد أنّ الصرف والتركيب الصرفي ليس فطريا ولا مكتسبا بل هو أحكام يبينها الطفل كمحاولة لتمثيل تجربته وإيصالها يتعلم الأطفال طبقا لهذه النظرة الصرف والتراكيب الصرفية بالطريقة نفسها التي يتعلمون بها التعاريف فهم يجردون معنى الكلمة من استخدام الراشد لها ويستخدمون ذلك في كلامهم.

تكون كلمة الطفل الأولى مثل صوته الأول غير متميزة والكلمة الأولى تقريب إجمالي للمعاني والبنى التي يتلمسها الطفل في لغة الراشد فعندما يقول ابن السنة الأولى (ماما) يمكن أن يعني (انظري يا أماه) أو (خذيني) أو (إني جائع) ومن الخطأ الافتراض بأن الطفل كان يستخدم جملة كاملة إذ أنه لا يفهم ماذا تعني الجملة دعيت كلمة الطفل الأولى بالكلمة الجملة والطفل يقيم استخداماته المختلفة للكلمة نفسها بالتشديد اللحني المتباين وبالتعابير الوجيهة وبغيرها من مظاهر لا يعيها الطفل ويميل الأهل لتفسير أولى كلمات الطفل بتأملهم في مجمل سياق سلوكه إذ ليس الكلام مبدئيا سوى مظهر واحد من مجمل محاولة الطفل الاتصال بالآخرين.

ويتحرك الطفل نحو السنة الثانية فينطلق متخطيا الاستخدام غير المتميز للجملة الكلمة إلى جمع أكثر من كلمتين معا ويعكس استخدام مجموعة الكلمات مستوى جديدا من التميز اللغوي الذي يتضمن تعرف الولد بأنّ نظام الكلمة والكلمات نفسها والتشديد اللحني النازل بها تتشارك في إعطاء المعنى غير أنّ استخدام الطفل لكلمتين يختلف جوهريا عن استخدام الراشد للتركيب نفسه ويمكن تسمية استخدام اللغة في هذه المرحلة بالكلام البرقي لأنّ الطفل يهمل أدوات الربط والأفعال المساعدة وأحرف الجر وقد يأخذ كلام الطفل في السنة الثانية الصيغة التالية:

كتاب ماما

إني أرى ماما

كتاب ولد

يفهم الراشدون الكلام البرقي فقط إن هم استفادوا من دلالات أخرى وقد يحاول الراشد التأكد من سماعه لكلمات الطفل بشكل صحيح بإعادته إليك محاولة أم لفهم ابنها:

الولد	الأم
ماما بيض	ماما سمعتك
تقول بيض	
ماما خبزه	ماما ستأكل خبزا
جلس جدار	هو جلس على الجدار

تنعكس واقعة محاولة الطفل استخدام اللغة للتواصل في جانب آخر من اللغة المبكرة هـو التكرار فقد يعمد الطفل في محاولته لصوغ فكرته بدقة إلى القول:

حلوى

سامر حلوى

ماما أعطي حلوى

ماما أعطي سامر حلوى

يسهم عدد من الحوادث في نمو اللغة المبكرة فهناك أولا النضج ونمـو جهـاز التـدقيق الذي يمكن الأولاد مـن صـوغ الأصوات بشـكل جيد وهنـاك أيضـا نمـو إدراك الطفل والـذي بوساطته يتمكن الأخير من بناء مفاهيم حول نفسه وحول العالم وثمة ثالثا اكتشـاف التمثيـل وواقعة أنّ الكلمات ترمز إلى مظاهر من تجارب الطفل ومفاهيمه وهناك أخيرا الصوغ المتقدم لمفاهيم اللغة والجهد الدائم لربط المفاهيم اللغوية بتلك المشتقة من العالم والـذات يمكن في هذا الإطار التأكيد على أنّ الطفل يبدأ فهم اللغة في الوقت نفسـه الـذي يكتشف فيه ذاتـه والعالم وأنه يحاول ربط اللغة والفكر في الوقت نفسه الذي يحاول فيه التمعن في كـل مـنهما على انفراد.

لا بد قبل ختام هذا النقاش من الإشارة إلى اللغة التلقفية أو لغة لفهم وعلى الرغم من تشابه فهم اللغة مع توليدها من بعض الجوانب فإنهما يبقيان مختلفين ومن المعروف أنّ السامع أقل قدرة على الاتصال من المتكلم وعلى العموم فإنّ اللغة التلقفية تسبق اللغة المولدة والطفل يفهم اللغة قبل أن يتكلمها إنّ مفرداتنا المهملة تزيد كثيرا على نظيرتها المستخدمة خاصة وأنّ المرء يفهم

كثيرا من الكلمات دون أن يضطر لاستخدامها وأنه لمن الضروري دراسة هذا الجانب من اللغة لإكمال فهمنا المتزايد للغة المولدة.

* الظواهر الإدراكية للغة :

لقد أبقينا على التقليد الذي يعالج اللغة بصورة مستقلة عن الإدراك على الرغم من أنّ طبيعتها تجعل منها ظاهرة إدراكية تفرض معالجتها في إطار الإدراك ولا يختلف أمر ظواهر الانتباه والتعلم وحل المشكلات والتفكير عن أمر اللغة سواء من حيث ضرورة مناقشتها على انفراد أم من حيث أنها تتوفر لدى الرضيع وتقيم الأساس للصيغ المتطورة لتلك الظواهر نفسها.

- التوجيه والاهتمام والانتباه والاعتياد :

تعد الظواهر المذكورة من بعض الجوانب مظاهر إدراكية أو تنظيمية للإدراك حيث يشير التوجيه إلى الحركة التي تطلق باتجاه مثير يحدث فجأة فالإجفال من صوت غير متوقع إنما هو توجيه غير متميز. وعندما يعتدل المثير يلتفت الطفل باتجاه الصوت أو يتطلع باتجاه مشهد جديد يسمى سلوك الطفل هذا بمنعكس التوجيه ومثاله التفات الطفل لدى سماعه صوت أمه.

والاهتمام تركيز انتقائي على جانب أو آخر من حقل المثيرات فعالم الطفل شأن عالم الراشد مليء بكل أنواع الإثارة وتسمح الظواهر الانتباهية للطفل بأن يركز بشكل انتقائي على جانب أو آخر من حقل المثيرات الأمر الذي يساعده على اكتساب معلومات من ذلك الحقل.

ويعد الاعتياد من بعض جوانبه مكملا لاستجابة التوجيه. فعندما يكون المثير جديدا يستجيب له الطفل بمنعكس التوجيه أمّا إن تكرر المثير زال منعكس التوجيه فإن علقت أداة متحركة فوق سرير الرضيع ركز انتباهه فيها لكنه وبعد أيام من وجود الأداة لا يلتفت إليها إلاّ نادرا وهو ما يسمى بالاعتياد.

يعد التوجيه والاعتياد من العناصر الهامة التي تصاحب ظاهرتي النمو والتعلم إذ يغدو الاعتياد في مجال المثير البصري المتكرر أكثر سرعة عندما يكبر الطفل وخاصة بعد الشهر السادس من العمر ويؤكد الباحثون بصدد المثيرات المعقدة أنّ الرضع يتوجهون أولا لأحد مظاهر المثير المعقد ثم يلتفتون للمظهر الآخر.

ادعى بعضهم بأنّ التوجيه والانتباه والاعتياد ليست انعكاسات بسيطة بل ترجع إلى فعالية دماغية رفيعة المستوى وعلى هذا الأساس فحصت هذه الظواهر الإدراكية للبحث عن إشارات الإعاقة في الوظائف العقلية. من جهة ثانية بحثت الظواهر المذكورة لتحديد آثار سوء التغذية في الرضع إذ يميل الأطفال سيئو التغذية لأن يكونوا صعاب الإثارة أي أنهم يتطلبون لكي يتوجهوا وينتبهوا ويعتادوا مثيرات أكثر وأشد مما يتطلبه الأطفال جيدو التغذية.

- التعلم:

يعرف التعلم بمعنى عام بأنه تعديل السلوك أو تغييره نتيجة للخبرة والمران وليس نتيجة للنضج أو للنمو وليس التعلم بمستقل كليا عن النضج والنمو لأنّ ظاهرتي التعلم والنضج تقودان دوما إلى تغير في السلوك أو تعديل له في مستويات العمر كلها إلاّ أنّ التعلم يحدث خلال زمن قصير نسبيا خلافا للنضج الذي تطول فترة عطائه ومن الواضح أنّ نوع التعلم الذي يستطيع

الطفل تحقيقه يتوقف على النمو والنضج لكن التعلم في أي من أحواله يكون الحصيلة الكلية للخبرة والمران.

أما علم النفس السوفيتي مع إقراره بوحدة النمو والتعلم وما بينهما من تأثير متبادل يؤكد على الدور الهام للتعلم في عملية النمو ذاتها فالتعلم برأي (ل٠س فيجوسكي Vogotsky) ينبغي ألاّ يسير في ركاب النمو بل على العكس ينبغي أن يقود النمو وراءه ويمثل التعلم بالمعنى العام أي يعده اكتسابا للتجربة الاجتماعية - التاريخية القوى الدافعة للنمو ومحرضه الأساسي ومن هنا لا يكفي أن يساير التعلم خصائص التفكير المتكونة بالفعل عند المتعلم بل لا بد من أن يتطلب أشكالا جديدة وأرقى من التفكير ولا يتم ذلك إلا في صميم العملية التعليمية - التعلمية ذاتها وبتغيير مضمونها وطرائقها وأهدافها.

وتؤكد أبحاث الكثير من العلماء (ليونتيف وايلكونين ودافيدوف وغيرهم) ضرورة إعادة النظر في المراحل النمائية والمعايير العمرية الشائعة وقد أظهرت تلك الأبحاث خلافا لما هو شائع في علم النفس الغربي - إنّ الأطفال قادرون على اكتساب مفاهيم مجردة في مرحلة مبكرة من العمر كما كشفت عن تزايد إمكانات النمو العقلي العام واكتساب المعارف والمهارات المختلفة. ربما كان الإشراط التقليدي أبسط صيغ التعلم المعروفة ويقوم الإشراط بالمثير الطبيعي والاستجابة الطبيعية والمثير الإشراطي والاستجابة الإشراطية يمكن جر استجابة رفيف العين الطبيعية بمثير طبيعي يتمثل بقذف تيار من الهواء على الجفن ويتم جر رفيف العين التي تعاد تسميتها بالاستجابة الشرطية بوساطة لحن موسيقي يسمى بالمثير الشرطي وذلك بتكرار اصطحاب تيار الهواء باللحن

الموسيقي ويقال أنّ تعلما قد حدث لانجرار رفيف جفن العين بمثير لم يكن قادرا في الأصل على جره وتبعا لذلك يتغير السلوك لا يعرف ما إذا كان الرضّع يستطيعون التعلم بالإشراط البسيط على أنهم يسلمون أنفسهم فلإشراط خلال الشهر الأول فقد علم الرضّع الإتيان بالمص أو الرضاعة استجابة للحن موسيقي ويعتقد بعض علماء النفس بقيام تلاحق في أنماط الحس تسلم نفسها للإشراط التقليدي ويرتب(كازاتكين) الإحساسات تنازليا تبعا لخضوعها للإشراط التقليدي كالتالي: المثيرات المحركة للجسم فالمؤثرة بالسمع فاللمس فالشم فالذوق فالبصر ويشير وجود التلاحق المقترح إلى العلاقة بين النمو والتعلم فالنمو يحدد البنى أي النظام خلافا للتعلم الذي يحدد المحتوى أي الاستجابات المكتسبة.

تؤكد الأبحاث حول إشراط سلوك الأطفال بأنّ الإشراط يغدو سهلا كلما كبر الأطفال في السن كان المثير الطبيعي في إحدى الدراسات لعبة تولد الضجيج والمثير الشرطي وجه الأم وصوتها ومثلت الاستجابة الالتفات وجد أنّ الرضّع أبناء الأشهر الخمسة أميل للاستجابة بصورة صحيحة وبوقت أقصر من أبناء الشهرين وربما رجع تفوق الفئة الأولى على الفئة الثانية في التعلم إلى نمو الجهاز العصبي ونضجه.

يشكل الإشراط الإجرائي الصيغة الأساسية الثانية للتعلم إذ أنّ أكثر سلوك الطفل عفوي لأننا نجهل أي مثير طبيعي ولده ويطلق على بعض سلوك الأطفال اسم (السلوك الوسيلي) بمعنى أنه يخدم غرضا ما فالطفل يصرخ لجذب انتباه الوالدين ولا تبقى الاستجابة الإجرائية التي تحدث انتقائيا إلاّ إذا عززت

فإن صرخ الطفل وحضر أهله إليه كرر صراخه كلما رغب بإحضار أهله وتوقف عن الصراخ إن هو فشل في جذب أهله إليه في المرات الأولى.

على الباحث الذي يرغب في توجيه التعلم الإجرائي أن يستخدم إشراطا إجرائيا أو ما يسمى بتعديل السلوك، من أجل ذلك يختار المجرب سلوكا يأتيه الطفل تلقائيا ويصمم على تعديله أو تشكيله بالتعزيز الانتقائي إنّ باستطاعة الباحث دفع الطفل لأن يغير معدل مصه للثدي بتعزيز المص بالحليب أو بأي غذاء آخر ويمكن استخدام الإشراط الإجرائي لإزالة السلوك أو لإضعافه وذلك بوقف التعزيز عن السلوك أو بما يسمى بظاهرة الكف، فمثلا يمكن للراشد أن يطلق ابتسامته أمام الرضيع عندما يصرخ أو يناغي فيتعلم الطفل أن يناغي كلما أحس بابتسامة الراشد ويمكن بظاهرة الكف أن يمتنع الراشد ولعدد من المرات عن الابتسام لصراخ الرضيع أو لمناغاته فيتوقف السلوك أو يكف.

- حل المشكلات :

يعد حل المشكلات إحدى صيغ التعلم التي يحاول الفرد فيها التغلب على بعض المصاعب لبلوغ هدف مرغوب يستخدم الفرد في العادة عددا من الأساليب لحل مشكلته من تلك الأساليب المحاولة والخطأ الذي يتضح جليا بمحاولتنا إصلاح جهاز ما لا تفهمه فيمثل عبثنا بضرب من التبصر المفاجئ أو بما يسمى بخبرة (آها) فإن لم نجد مفك المسامير اللولبية ترانا نقرر فجأة أنّ بإمكان قطعة نقدية أن تحل مكانه ويمكن لحل المشكلات آخر الأمر أن يكون منهجيا يتمثل بصوغ مستمر للفرضيات وباختبار تلك الفرضيات وهذا يؤكد وجهة النظر القائلة بأنّ حل المشكلات هو الصيغة الأرقى والأعقد للتعلم

وبخاصة إذا قورنت هذه الصيغة بالتعلم الإشراطي وحل المشكلات لدى الأطفال بدائي إلاّ أنّ ثمة ضربا من صيغ المحاولة والخطأ أو التبصر- أو الاختيار المنهجي للفرضيات لديهم عمد(بابوسك) إلى تصميم جهاز يفرض على الطفل تعلم إدارة رأسه يمنة أو يسرة للحصول على الحليب برنين جرس مؤشرا مجيء الحليب من اليسار وبصوت طنان مشيرا إلى مجيء الحليب من اليمين وينعكس الإشراط بعد أن يتعلم الولد إتيان الإجابة الصحيحة لقد ولد قلب الإشراط مشكلة تفرض على الرضع حلها، لاحظ(بابوسك) إن الأطفال أداروا رؤوسهم بطريقة تتفق والأساليب التالية:

١. كان يتوقع للحليب أن يأتي من الجهة الأولى نفسها.
٢. كان يتوقع للحليب أن يأتي من الجانب الذي تدفق منه الحليب أكثر من نظيره خلال المحاولتين.
٣. كان يتوقع للحليب أن يأتي من كلا الجانبين بالتتابع الطبيعي والعكسي.
٤. قام الحل بالالتفات دوما لجانب واحد وبتصحيح الإجابة إن لم يأتِ الحليب فورا من ذلك الجانب.

لاحظ (بابوسك) أنّ الأطفال لم يستخدموا جميعهم الأساليب المنهجية إذ كان بعضهم عشوائي السلوك أو فوضوية الأمر الذي يدل على بروز الفروق الفردية في حل المشكلات منذ سن مبكرة ولقد أبدى بعض الأطفال بدءا من الشهر الثالث أساليب منهجية لحل المشكلات في موقف تعلمي مبسط ولا يظهر الأسلوب المنهجي لحل المشكلات المعقدة إلاّ في عمر متأخر وهذا ما يعكس التفاعل بين النمو والتعلم فقد أعطي الأطفال من عمر يتراوح بين السنة

والسنتين مهمة الحصول على دمية بعيدة عن المنال وكان في متناولهم رافعة يمكن إن هي استعملت أن تجر الدمية إلى يد الطفل، فتذبذب سلوك صغار الأطفال بين استخدام اليد أو الرافعة واقتصر سلوك كبارهم فقط على استخدام الرافعة.

- المنطق :

يعد المنطق بمعنى ما أحد صيغ التعلم لأنه يتيح لنا استخلاص معلومات جديدة من المعلومات المتوفرة باستخدام القواعد الأساسية له فإن عرفنا أنّ كل الثمار حلوة وأنّ ذاك الشيء المكور ثمرة نستطيع تأكيد حلاوتها دون أن نذوقها يسمى التفكير الذي ينتقل بنا من العام إلى الخاص بالاستنتاج أمّا إن نحن تذوقنا عددا من الثمار واستنتجنا بأنّ الثمار حلوة المذاق فنكون قد استخدمنا التفكير الاستقرائي وانتقلنا من الخاص إلى العام ومن الواضح أنّ الأطفال محدودو القدرة على التفكير المنطقي غير أنّ نمو تلك الظاهرة يكشف قدرة أخرى ويوفر معلومات هامة حول نمو التفكير المنطقي على العموم يعتمد فهمنا لنمو منطق الطفل على العمل الضخم الذي قام به بياجه فقد غدت دراسات هذا العالم على أطفاله الثلاثة خلال السنتين الأوليين من الحياة من الأعمال التقليدية في علم النفس النمائي إضافة لكونها من الدوافع الأساسية لصرح ضخم من الأبحاث في هذا المجال بدءا من عام ١٩٦٠ ينطلق (بياجيه) من مسلمة تؤكد أنّ الذكاء البشري وخاصة التفكير المنطقي منه ينشأ من تجربة الطفل الأولى في التناسق الحسي الحركي ويصف (بياجه) كلا من قدرة الطفل وقصوره إزاء العالم.

يعتقد بياجيه الذي يسمي الفترة الممتدة بين سنة ونصف السنة والسنتين من عمر الطفل بمرحلة النمو الحسي الحركي التي يكون عرضة للتحول من

الفعل المنعكس إلى التفكير الحق ويضيف الباحث أنّ في مقدور طفل المرحلة المذكورة أن يفكر إن هو استطاع أداء التجارب العقلية أي إن هو استطاع أداء أفعال نموذجية على مدى محدود هذا وقد تعرف (بياجيه) على بعض المراحل التي تؤشر نمو منطق الطفل.

يعمل الطفل خلال المرحلة الأولى التي تمتد من الولادة إلى الشهر الثاني على تعديل بعض الأفعال الانعكاسية فللوليد كما ذكر من قبل عدد من الانعكاسات التي تجرها المثيرات اللازمة وما يدلل على واقعة تعديل الأفعال الانعكاسية هو أنّ الطفل يغير فمه ليتوافق مع شكل حلمة الثدي وحجمها وهذا ما يطلق عليه بياجيه اسم المطابقة ويميز الأطفال بتقدم العمر والممارسة بين مختلف الأشياء التي تمص فيمصون بعنف حلمة تعطي الحليب ويرفضون إبهام الراشد يشير (بياجيه) إلى فعل التقبل أو الرفض لدى الطفل للمثيرات المحيطية وتبعا لحاجاته الخاصة بالتمثل ويشكل التمثل والمطابقة الأنماط الأساسية التي وفقها يتفاعل الطفل مع واقعه متكيفا لضروراته في مختلف مستويات النمو يتعلم الطفل في المرحلة الحسية الحركية أيضا إيجاد استخدامات جديدة لمنعكساته ويبدأ حوالي الشهر الثاني أو الرابع بجمع أفعاله الانعكاسية المعدلة بطرق مختلفة يسميها (بياجيه) بالتخطيطات أو التركيبات يشير (بياجيه) إلى أبكر تلك التخطيطات بالفعل الدائري فعندما يحدث أن تتلاحق بعض التخطيطات بمجرد المصادفة وأن يحب الطفل النتيجة المرتبطة بتلك التلاحقات فإنه يعمد إلى توليدها من جديد فقد يضع الطفل إبهامه في فمه مصادفة ويمصه ويتلذذ بذلك فإن سقط الإبهام من الفم أدخله فيه ثانية يشكل تنسيق تخطيط المص مع تخطيط

حركة الإبهام تخطيطا لمص الإبهام من درجة ارفع والذي هو رد فعـل دائـري: فالإبهـام بالفم يجر إلى المص الذي يقود بدوره لإدخال الإبهام إلى الفم والـذي يقـود إلى المـص وهكـذا دواليك وعلى الرغم من أنّ الفعـل الـدائري يمثـل تقـدما عـلى الفعـل الانعكـاسي فـإنّ قدرتـه المعرفية ضعيفة لأنّ الطفل لا يمص أصبعه ليتعرف عليه كشيء بل لأنّ له وظيفـة حيويـة إزاء الطفل.

فالتعرف التمثيلي الحق الذي يقوم على التعرف على الشيء من خلال صفاته لا يأتي إلاّ متأخرا يبدي الطفل بدءا من الشهر الرابع إلى الثامن أي في المرحلة الثالثة من الفترة الحسية الحركية ما يسميه (بياجيه) بالأفعال الدائرية الثانوية يعني هذا أنّ الأفعال الدائريـة الأوليـة تقتصر على تخطيطات جسمية وأنها تمتد لتشمل الأشياء والحوادث الخارجية لاحظ (بياجيـه) مثلا أنّ طفله كان يرفس ساقه فيصيب دمية فوق السرير يبدو أن الصـبي حصـل مـن مراقبـة حركة الدمية على لذة لا تقل عن لذة مص الإبهام وهكذا فقد كـرر رفـس الدميـة لقـد حـرض تخطيط الرفس هنا شيئا أثار تخطيط النظر مما قاد إلى المزيد من الرفس بذل (بياجيه) عنايـة خاصة للتأكد من أنّ رفس طفله لم يكن إثارة عشوائية لمـرأى الدميـة: بـل استجابة انتقائيـة موجهة ورفيعة المستوى يمكن للمرء إذا أن يلاحظ في هذه المرحلة بدايات الأفعال التصميمية.

يقود الفعل الدائري الثانوي بجلبه للشيء إلى تلاحق فعل الطفل وإلى مطابقـة الـذات نفسها للشيء وصفاته ولوعي الفروق بين الذات والشيء تبقى تلـك الفـروق عـلى الـرغم مـن ذلك محدودة لأنّ الفعل الدائري لا يعكس تصميما

حقيقيا إذ أنّ الطفل إذ يكتشف مشهدا هاما إنما يفعل ذلك مصادفة ولا يستطيع خلق الحادث المهم أو إبداعه.

يبدأ الأطفال خلال الأشهر الأخيرة من السنة الأولى أو ما يسميه (بياجيه) بالمرحلة الرابعـة بإقامة التناسق بين تخطيطات سبق اكتسابها وذلك بغية تحقيق هدف ما يمكن القول إنّ تصميم الأطفال في هذه المرحلة يسبق الفعل نفسه يحرك الأطفـال في هـذه السـن الحـواجز والعوائـق أو المشاهد بحيث يستطيعون بلوغ شيء مرغوب أخفى (بياجيه) مرة ساعته تحت الوسادة فحرك ابنه الوسادة بسرعة كي يلتقط الساعة لقد نسق الصبي تخطيط النظر مع تخطيط الرفع والإمساك.

يسهل تنسيق عدد من التخطيطات إتيان عـدد مـن أنمـاط الفعـل ومستوياته ويعد التقليد أهم تلك الأنماط إذ أنّ الطفل يبدأ خلال الأشهر الأخيرة من السنة الأولى بتقليد أفعال الراشد فإن حرك الطفل وسادة وضعها الراشـد هنـاك فهـو إنما يمارس تقليـدا عكسيا يعتقد (بياجه) أنّ التقليد يؤشر مستوى جديدا للفعالية الذهنية يسبق مختلف ضروب التميل بما في ذلك اللغة.

يبدي الطفل في بواكير السنة الثانية ما يسميه (بياجيه) بالفعل الـدائري المبـدع مـؤشرا المرحلة الخامسة من الفترة الحسية الحركية ويميل الطفل في الفعل الدائري المبدع للبحث عـن الجديد وخلقه وليس للتكرار الذي يحدث بطريق المصادفة إنّ الطفل يكتشف بنشاط الأشياء وملامحها وصفاتها الأمر الذي يجعله يحس بالعلاقـة السـببية ويبـدأ بتكـوين بعـض مفـاهيم السبب والنتيجة.

يبدأ الفعل الدائري الإبداعي مثلا إذا ما أسـقط الطفـل شـيئا مـن سريره فالفعل يشـمل تخطيطات الإمساك والإطلاق والتخطيط البصري لمراقبة الشيء

والتخطيط السمعي له عندما يضرب الأرض ويراجـع الطفل الفعـل بعـد أن يعيد الأهـل الشيء لمكانه ويقذف أشياء أخرى ليرى ماذا يحدث أو يقذف الشيء نفسه من ارتفاعات مختلفـة وبقوة مختلفة ليتعرف على تباينات الأثر في مختلف الأوضاع.

يفيد الفعل الدائري الطفل في تعليمه أنّ التغير في سلوكه يستطيع أن يولد تغيرا مقابلا في الحوادث الخارجية فيبدأ الأطفال يفهمون أنّ بإمكانهم السيطرة على أجـزاء مـن محيطهم وتوجيهها بقوة أفعالهم الخاصة كـما يتعلمـون أنّ سـلوكهم يخضع هـو الآخر للسيطرة مـن جانب الآخرين وأنّ بعضا من الأشياء الجديدة التي ينتجونها أقل من سواها إسعادا لأهلهم.

يبدي الأطفال بدءا من منتصف السنة الثانية الدليل على ما يسميه (بياجيـه) بـدايات الفكر مؤشرين بذلك حلـول الفـترة السادسـة والأخـيرة مـن المرحلـة الحسـية الحركيـة يحقـق الأطفال في هذه الفترة ما يسـميه (بياجـه) بالتجـارب العقليـة فيجـرب الأطفال المشكلات في رؤوسهم قبل مباشرتها في الواقع فإن رغب الطفل في حل مشكلة ما وعجز عن ذلك بالمحاولـة والخطأ قدم تخطيطا تعلمه في فعالية مختلفة يفعل الأطفال في هذه المرحلة مـا يفعله قـردة كوهلر عندما يلتقطون الموزة من خارج القفص وذلك بإدخـال عـدد مـن العصي ـ لـصنع عصا طويلة وسحب الموزة قريبا من اليد.

يصف (بياجه) محاولة طفلته إخراج سلسلة جذابة مـن علبـة كبريـت مفتوحـة جزئيـا وقد استطاعت الطفلة رؤية السلسلة لكنها عجزت عن إدخال أصابعها عبر الفتحـات لالتقـاط السلسلة استخدمت الطفلة في محاولة لحل المشكلة تخطيطا أبـان فائدتـه في الماضي أي أنها حاولت إدخال أصابعها عبثا في

العلبة وكانت الطفلة خلال حل المشكلة بتلك الطريقة تفتح فمها وتغلقه وتزيد من فتحه في كل السلسلة يمكن عد حركات الفم كأفعال تحضيرية استطلاعية تساعد على فتح العلبة.

من المهم أنّ نضيف أنّ (بياجيه) لا يعتقد بأنّ الطفلة استخدمت اللغة في تجاربها العقلية لأن لغة الطفلة في هذه المرحلة لم تكن بدرجة من التطور تكفي لوصف المشكلة وعلى الرغم من أنّ الطفل يستطيع تصنيف الأشياء وإيصال رغباته فإنّ لغته مستغرقة في سياق من الإشارات والتشديدات الصوتية المرتبطة بالسياق الاجتماعي تقوم بداية الفكر في التجريب العقلي الذي يسبق الفعل ويكون نمط التفكير المتوفر لابن السنة الثانية محدودا جدا إذ أنه يتناول ما هو قائم الآن من علاقات بين الأشياء وبما أن الفكر محدود أيضا بأنواع الأفعال المصغرة التي يستطيعها الطفل فإنه يتناول وظائف الأشياء وليس خواصها أو صفاتها ويستطيع الطفل في السنة السادسة أو السابعة بناء صفات الأشياء وخواصها في مفاهيم تحمل أيضا وظائف تلك الأشياء.

يكون الطفل في بداية المرحلة الحسية الحركية قادرا على تعديل منعكساته فقط لكنه وبمساعدة تخطيطات التفريق الصاعد والتكامل يستطيع أخيرا اكتشاف الأشياء عن تصميم وإرادة كما يستطيع أن يكتشف معاني جديدة لتحقيق غايات مرغوبة ومن الواضح أنّ بروز القدرات المعرفية يتماشى مع بناء الطفل للمفاهيم الأساسية حول الأشياء والسببية والمكان والزمان.

عينة تمثل صوراً مستخدمة في اختبار جيزل لتمهر تعبر عن السلوك المناسب لطفل عمره 28 أسبوعاً

يجلس متكئاً على يديه لفترة قصيرة
يلاحظ على صورته ويتحسس المرآة
يرفع رأسه

شكل (١١)

صور تمثل سلوك الطفل

الفصل الثالث
الشخصية والنمو الاجتماعي
في مرحلة الرضاعة

- الصراخ

- التحديق

- الابتسام

- المناغاة

- التقليد

- العوامل المؤثرة في السلوك

- الحالة الانفعالية والسلوكية

- النمو الاجتماعي عند الوليد

- الرضاعة

- اتجاهات الطفل نحو العالم

الفصل الثالث

الشخصية والنمو الاجتماعي في مرحلة الرضاعة

* (من الولادة حتى السنة الثانية)

الشخصية هي مجموعة أفكار الفرد ومشاعره وأفعاله التي تعد مميزا خاصا له ويتحدد بمقتضاها أسلوبه الخاص في التكيف مع المحيط تبدأ الشخصية وبعدها الاجتماعي منذ الرضاعة عندما يبدأ الفرد بتشكيل أساليبه الاعتيادية في التواصل مع الآخرين وأنماط تفكيره ومشاعره الخاصة حول الناس وحول نفسه كواحد من الناس وتظهر جوانب الشخصية في السلوك التعبيري الذي يعكس نمو الشخصية بعدد كبير من السبل. يخضع السلوك التعبيري لمبدأي التميز والتكامل فيميز الرضيع خلال الأشهر الأولى عددا من ضروب السلوك التفريقي الذي يوجهه نحو العالم ويشير إلى حاجاته واهتماماته ويأخذ التفريق في الشهر السادس أنماطا خاصة بالارتباط بالآخرين أو بالبعد عنهم وتتكامل الأنماط الخاصة للتعبير في اتجاهات اجتماعية مميزة للفرد حوالي التعرف على السلوك وتوجيهه.

يقوم الرضّع خلال احتكاكهم الاجتماعي باستخدام خمسة من ضروب السلوك المؤشرة والموجهة هي: الصراخ والتحديق والابتسام والمناغاة والتقليد ويتخذ كل سلوك نسقه الطبيعي الخاص ويتأثر بالتجربة متحولا عن الأشياء والناس إلى أناس معينين.

- الصراخ :

يمثل الصراخ أول أثر يلقيه الرضيع في محيطه ويبقى خلال الأشهر الأولى السبيل الرئيس الذي يشير إلى حاجات الرضيع ويختلف الصراخ عن ضروب السلوك الاجتماعي الأخرى مثل التحديث والابتسام والمناغاة والتقليد في أنه محزن ويقوم به الفرد نفسه خلافا للأنماط الأخرى فهي مفرحة ويشارك فيها الأهل الرضيع مع ذلك فإن الصراخ يجر الوالدين إلى سرير الرضيع ويدفعهما للاهتمام به مما يدفع الأخير إلى التوقف عن الصراخ.

يبكي الصغار في بواكير حياتهم بسبب الجوع أو الألم وثمة أدلة عملية تدل على قدرة كل من الجوع والألم على توليد أنواع مختلفة من الصراخ: فيرتبط الصراخ المتناغم الذي ينشأ تدريجيا بالجوع كما ينجم الصراخ الحاد المتنافر عن الألم ولا يمكن معرفة مشاعر الطفل المرتبطة بصراخه وما معرفة الأمهات السبب الذي يدفع رضيعهن للصراخ سوى تعميم متعجل لما يعرفنه من حال أطفالهن.

يبدأ الأطفال خلال السنة الأولى بالصراخ لفترات قصيرة مستخدمين الصراخ كواسطة للاتصال بالآخرين. يروي (بل واينزوورث) أنّ أولاد ما دون الشهر الثالث عندما يكونون وحدهم يصرخون أكثر مما لو كانت أمهاتهم على مرأى منهم أما بين الشهرين التاسع والثاني عشر فيزيد صراخهم عندما يرون الأم ولا يستطيعون لمسها أكثر مما لو حملوا أو كانوا وحدهم وهكذا تنقلب وظيفة الصراخ في السنة الأولى نمطا أو أسلوبا للاتصال وقد لاحظ الباحثان أنّ صراخ الطفل في نهاية السنة الأولى ينخفض إلى نصف كمه في الشهر الثالث الأمر الذي يؤكد تحول الصراخ إلى الوظيفة الاجتماعية.

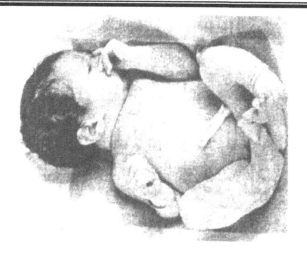

شكل (١٢)

سلوك الطفل الرضيع

- التحديق:

يعد التحديق أول سلوك يستخدمه الرضيع لتوجيه ذاته في العالم ولتلقي المعلومات عنه. وتؤكد إحدى وجهات النظر أنّ الطفل يدرك العالم كتشويش مبهم طنان. غير أنّ الأدلة العلمية الأخيرة تشير إلى ولادة الرضيع مجهزا بعدد من القدرات البصرية المتطورة إذ يستطيع حديثو الولادة التركيز في الشيء وملاحقته بأعينهم كما يستطيعون تمييز فروق الأشياء في الحجم والشكل وتفضيل المركب على البسيط والجديد على المألوف تساعد تلك الخواص الإدراكية الرضيع على التوجه نحو الناس والعالم ويفضل الرضع بدءا من الشهر الرابع التطلع إلى الوجوه بدل الأشياء ووجه الأم على سائر الوجوه.

وتبرز علاقات إدراكية جديدة حالما يبدأ الرضيع التحديق المحدد في وجه الراشد وعينه على الخصوص فاحتكاك العين بالعين خبرة تنقل

العلاقة إلى طور جديد وتجعل الراشد يحس وللوهلة الأولى أنه إنما يتعامل مع كائن بشري وليس مع شيء أو حيوان فما أنّ تبادل الأم رضيعها التحديق حتى تشتد مشاعرها وتتقوى عواطفها وتسخن علاقتها مع طفلها أو عنايتها به يعطي التحديق الطفل فرصة لممارسة سيطرته على الآخر إضافة إلى تقويته للروابط الاجتماعية بينه وبين الراشد ويستطيع الطفل شأن الراشد أن يمارس التحديق بصيغ مختلفة تشجع العلاقة الاجتماعية أو تحبطها.

- الابتسام :

الابتسام: ينمو الابتسام وفق ثلاث مراحل متميزة هي: الارتكاسية والعشوائية والاجتماعية. يبتسم الرضّع منذ الولادة استجابة لمختلف الحالات الداخلية ويمكن جر البسمة منذ الشهر الأول بإثارة الرضيع بالصوت المرتفع وخاصة صوت الأنثى إلاّ أنّ ذاك النوع من الابتسام يبقى رجراجا عديم الصيغة وتعوزه الحرارة الملازمة للفعل الاجتماعي.

وتتغير ابتسامة الرضيع حوالي الأسبوع الرابع بصورة جذرية فتتسع ابتسامته وتستمر لفترة طويلة وتشكل التعابير الوجهية التي تضيء العين، ولا تنطلق الابتسامة في هذه السن استجابة للأصوات الشديدة وحالات الشعور العميقة للرضيع بل إنها تنطلق استجابة للأشياء الحية وللوجوه المتحركة المرافقة للصوت البشري.

تظهر الابتسامة الاجتماعية ذات التعبير الدافئ في ذات الوقت الذي يبدأ فيه الرضيع تمييز الوجوه البشرية التي يتطلع إليها ويتبادل الطفل هنا التحديق مع الراشد بدل التحديق بالأشياء وخلافا لاعتقاد غالبية الأمهات بأنّ رضيعهن

يفهمهن الآن تبقى الابتسامة الاجتماعية المبكرة عشوائية لا انتقائية إذ أنّ الرضيع يبتسم لوالدته وللآخرين من أعضاء الأسرة على السواء ولا يميز الأطفال الوجوه ولا يطلقون ابتساماتهم الاجتماعية المنتقاة حقا إلاّ عند الشهر الخامس أو السادس تقريبا. إذ يبدأ الطفل في هذه السن بالابتسام للوجه المألوف بدل الوجه الغريب بل أنه يبدأ ينفر من الغريب ويحذره.

- المناغاة :

يبكي الطفل ويتأوه أو يلغو خلال أسابيعه بسبب إحساسه بالألم أو باللذة ويتغير الصوت الذي يطلقه الرضيع في بداية الشهرين الرابع أو السادس إلى شيء من الغرغرة لدى سماع الأصوات أو مرأى الوجوه المتحركة. وكما هو الشأن في نمو الابتسامة الاجتماعية فإنّ صوت ابن الشهر الأول يشير إلى الاهتمام الاجتماعي ويجر اهتمام الآخر وعطفه، مما يوسع إطار الابتسامة لتغدو استجابة مبدئية للمبصر ويميل صوت الأنثى الراشدة لاستثارة صوت الرضيع الأمر الذي يدل على نمو قدرة ابن الشهر الأول على التعرف على بعض خصائص صوت بضرب من التقليد الذاتي الذي ينقلب بعد تميزه إلى المناغاة.

وتتطور المناغاة عبر عدد من المراحل التي تشق الطريق للنمو اللغوي فتشمل الغرغرة حوالي الشهر الثالث أو الرابع مقاطع صوتية صافية ومتميزة وفي بداية الشهر السادس تزداد الأصوات العفوية التي يطلقها الرضّع فيما بينهم وفي الشهر التاسع يكررون ما يسمعونه من أصوات الآخرين. تقدم المناغاة بصرف النظر عما تعنيه بالنسبة للنمو اللغوي نمطا عاما من التقليد يشير إلى اهتمامات الرضيع الاجتماعية المتوسعة.

- التقليد :

يفوق التقليد كل السبل والوسائل التي يتمكن الأطفال بوساطتها من النمو والتحول إلى راشدين ولسوف نرى في الفصول اللاحقة كيف يساعد تقليد الصغار للكبار في مراحل النمو كلها على اكتساب المهارات الاجتماعية المختلفة.

يبدأ سلوك التقليد مع بداية المناغاة ويمتد ليشمل تقليد حركة الآخرين ولا يتعامل الأهل في هذه المرحلة مع كائن يبتسم لهم أو يتطلع إليهم بل مع كائن يحادثهم عبر صدى أصواتهم ولا يهم أن يعرف الطفل ما يقول بل يكفي الوالد أن يسمع أنه يخاطب بـ ماما أو بابا حتى يطلق تعابير تحمل في طياتها كل ضروب العطف والسعادة وتغني تجربة الرضيع الاجتماعية.

يقود ميل الرضع لتقليد ما يرون أو يسمعون إلى العديد من أنماط التفاعل اللعبي مع الوالدين فيجد الأهل أنهم أن رفعوا أذرعهم فوق رؤوسهم وصاحوا (كبير) فإنّ الطفل يرفع يده هو الآخر ويصيح كبير أو بير أو رير.

فالتقليد تعبير واضح عن الاهتمامات الاجتماعية. ولا يمر سلوك التقليد شأن الابتسام عبر مرحلة عشوائية لا انتقائية بل أنه ومنذ البدء يكون تقليدا لأناس مألوفين يختارهم الرضيع بسبب ما ينشأ لديه نحوهم من تعلق متميز وفريد يؤدي إلى ضرب من التفاعل التبادلي الذي يعزز سلوكي التعلق والتقليد.

- العوامل المؤثرة في السلوك :

ليس التحديق والابتسام والمناغاة والتقليد إلاّ حـوادث طبيعيـة تحـدث تلقائيـا خـلال عملية النمو الأمر الذي دفع بعض الباحثين إلى عدها ظواهر تـأثير وتوجيـه غريزيـة تفيـد في المحافظة على النوع يعتقد (بولبي) أنّ في متنـاول النـاس شـأن الحيوانـات رصيدا مـن سـلوك فطري يفيد في الإبقاء على حياتهم في الفترات الأولى من الحيـاة وفي تعلمهـم أسـاليب الـدفاع عن حياتهم والإبقاء عليها ولسلوك التأثير والتوجيه لدى الرضيع قيمـة في الإبقـاء عـلى النـوع تتأكد عبر جذب انتباه الأهل والراشدين لإطعام الرضيع وإمساكه والعناية بـه وبصرف النظـر عن الجدل حول فطرية سلوك التأثير التوجيهي فإنّ شموليته لكل أطفال النوع البشري تجعل له مكانة وظيفية هامة في حياة النوع فلقد تبين من دراسات تجريبية متعـددة شـملت رضّعا بين الشهرين الثاني والسابع إنّ إطلاق الرضّع للأصوات يزداد بتعزيـزه بالابتسام والنقـر تحـت الذقن والربت على الـبطن لـدى غرغـرة الوليـد أو مناغاتـه. ثم إنّ الرضـيع يزيـد مـن تكرار ابتساماته إن رد على ابتسامته بنظيرتها.   ولقد وجـد (يـارو) ورفاقـه أنّ كميـة الإثـارة التـي تقدمها الأم للطفل تزيد من شدة الاستجابة الاجتماعية للآخر ومن توجهه الهدفي ومن سـلوك بلوغ الأشياء وإمساكها. تؤكد نتائج (يارو) وسواها أنّ الاستجابة العضوية والعاطفيـة تشـجع الرضيع للمبادرة الاجتماعية وتشدد من ميله لكشف الواقع الاجتماعي من حوله.

تشير أغلب الأدلة إلى حاجة الطفل للإثارة الاجتماعية لفائدتها في اسـتدعاء اسـتجابته الاجتماعية فقليل من العناية بالطفل أو الابتسام له أو

التحدث إليه بلغة ما يفيد في جعل علاقاته مع الآخرين انتقائية تتميـز الواحـدة منهـا عن سائر العلاقات الأخرى. إلاّ أنّ الملاحظات المذكورة تبقى مجرد فرضيات فلسـفية يعوزهـا الدليل التجريبي فالاعتبارات الخلقية الاجتماعية تمنع الباحثين من حرمـان الأولاد مـن الإثـارة الاجتماعية لغرض البحث العلمي المتمثل بالتلاعب بالمتغير المستقل أو التجريبي. غير أنّ لدينا الكثير من الأطفال الذين حرمتهم الطبيعة تلك الإثارة أو بعضا منها وفي التجارب التي أجريت على صغار الحيوان دليل كاف لدعم فرضنا ذاك (هارلو ١٩٦٦).

- الحالة الانفعالية والسلوكية للطفل:

لا يمكن أن نتوقع أن تكون الحالة الانفعالية للوليد عند الميلاد محددة تحديدا جيدا في شكل انفعالات معينة، ولهذا نجد الباحثين يصنفون انفعالات الوليد إلي نوعين:

أ-   استجابات سارة موجبة.

ب-   استجابات غير سارة سالبة.

ومن الخصائص المميزة للتكوين الانفعالي عند الوليد عدم وجود تـدرج في الاسـتجابات يشير إلي درجات مختلفة من الحدة، فمهما تغير المثير تكون الاستجابة بنفس الدرجة.

ويجب علـى الأم أن تحيط طفلهـا بالـدفء العاطفي والمحبة، وتـوفر لـه الاستقرار النفسي، ولا تقلق بسبب بكاء الطفل فهو شيء طبيعي، بل ثبت أنّ البكاء والصرـاخ يسـاعدانه علي تنمية الأحبال الصوتية وتوسيع الرئتين، فيحصل

الطفل علي كمية كبيرة من الأوكسجين الضروري للجهاز العصبي، ولكن هذا لا يعني أن تهمل الأم في سرعة الاستجابة لبكاء الطفل.

- النمو الاجتماعي عند الوليد:

* التنشئة الاجتماعية للوليد: **تعتبر الأم أهم الأشخاص في عملية التنشئة الاجتماعية للوليد، وبمقدار نجاح الأم في القيام بهذه المهمة، يكون نجاح الطفل اجتماعيا بعد ذلك.**

والطفل في البداية يكون أنانيا متمركزا حول ذاته، وهو لا يكاد يدرك الفرق بين وجوده الحالي خارج الرحم، وبين وجوده السابق في الرحم. ولا يبدأ البعد الاجتماعي في الظهور إلاّ بعد تقدم الطفل في العمر، ونمو إحساسه بوجود الآخرين.

ويجب على الأم أن تحرص على أن يكون الترابط بينها وبين وليدها قائما علي أساس متين من الحب المتبادل والتفاعل السليم.

* النمو الفسيولوجي عند الوليد:

ضربات القلب: **تكون ضربات القلب عند الوليد أسرع منها عند الكبار، ثم تتناقص مع النمو (عند الميلاد تصل ضربات القلب إلى حوالي ١٦٠ ضربة في الدقيقة، في حين تصل عند الرشد إلى حوالي ٧٢ ضربة في الدقيقة).**

التنفس: **التنفس عند الوليد يكون أسرع منه عند الكبار، ثم يتناقص وينتظم مع النمو. وعدد مرات التنفس عند الوليد من ٣٠-٤٠ حركة نفس في الدقيقة، وهذا هو المعدل الطبيعي له، أمّا إذا زادت ووصلت إلي ٦٠ مرة في الدقيقة فيجب اللجوء إلى الطبيب في أسرع وقت.**

ضغط الدم: **يكون ضغط الدم أضعف منه عند الكبار، ثم يزداد مع النمو.**

الرضاعة: **يحتاج الوليد إلى الرضاعة على فترات متقاربة وغير منتظمة، نظرا للكمية القليلة التي يرضعها، وعدم قدرته على الحصول على الكمية التي يحتاجها فعلا بسبب عدم انتظام إيقاع الرضاعة، ويحتاج الوليد إلى الرضاعة كل ثلاث ساعات تقريبا.**

التبرز والتبول: **يحتاج الوليد إلى التبرز من أربع إلى خمس مرات في اليوم، ويتبول من ١٦-١٨ مرة في اليوم.**

النوم: **يقضي الوليد معظم وقته في النوم؛ حيث ينام حوالي ٨٠% من الوقت. ويقل تدريجيا حتى يصل إلى ٤٩% في نهاية السنة الأولي. ولا يوقظه إلاّ بعض المثيرات الداخلية، مثل عدم الراحة أو الألم أو الجوع، ولا يؤثر فيه من المثيرات الخارجية إلاّ الضوضاء الشديدة جدا والتغيرات المفاجئة في درجة الحرارة.**

وعلى الأم أن تعمل على إشباع الحاجات البيولوجية الأساسية للوليد، وأن تهتم بعملية الرضاعة الطبيعية بقدر الإمكان، وأن تعمل على راحته أثناء نومه، وتقوم على نظافته وتغيير ملابسه المبللة.

- الرضاعة:

بعد خروج الطفل من محضنه الدافئ الذي اعتاد عليه فترة طويلة يحتاج إلى التغذية الجسمية والنفسية ليعوض ما اعتاده وهو في بطن أمه، لذلك يكون من الطبيعي أن تبدأ الأم بعد الوضع مباشرة ممارسة عملية التغذية لطفلها عن طريق إرضاعه.

ولبن الأم هو أمثل غذاء للطفل، فهو معد إعدادا ربانيّا، حيث إنه ليس غذاء جسديًّا فحسب، وإنما غذاء نفسي أيضا، يتمثل في الشفقة عليه والرفق به،

لذلك حث الإسلام على إرضاع الطفل حولين كاملين؛ حتـى يكـون بمـأمن مـن الأمـراض الجسمية والتوتر النفسي الذي يتعرض له الطفل الذي يتغذى بجرعات من الحليب الصـناعي.

يقول سبحانه وتعالى: ﴿ وَٱلْوَٰلِدَٰتُ يُرْضِعْنَ أَوْلَٰدَهُنَّ حَوْلَيْنِ كَامِلَيْنِ لِمَنْ أَرَادَ أَن يُتِمَّ ٱلرَّضَاعَةَ

وَعَلَى ٱلْمَوْلُودِ لَهُۥ رِزْقُهُنَّ وَكِسْوَتُهُنَّ بِٱلْمَعْرُوفِ ﴾ [البقرة: ٢٣٣] وعملية الرضاعة تفجر في الأم منابع العطف

والحنان الذي ينعكس على الرضيع بالسعادة والأمان، فعنـدما يمـص الرضـيع حلمـة ثـدي الأم يتولد في كيانها انعكاسات عصبية تنتج عنهـا في النهايـة إفـرازات هرمونيـة تعمـل علـي تـوتر الثديين وامتلائهما باللبن الذي ينبض عبر الحلمتين. ويتـأثر الطفـل بحالـة أمـه النفسـية أثنـاء عملية الرضاعة، ومن هنا وجب عليهـا أن تكـون في حالـة نفسـية هادئـة بعيـدة عـن التـوتر والقلق، فكلما كان اتجاه الأم نحـو عمليـة الرضـاعة اتجاهـا إيجابيـا مليئـا بالـدفء والهـدوء؛ انعكس ذلك على حالة وليدها، والشعور بالأمن والدفء والحنان من خلال ثدي أمه يزيد من عاطفته نحوهـا في المسـتقبل، بحيـث يكـون أكـثر عطفـا وحنانـا عليهـا. ومـن فوائـد الرضـاعة الطبيعية للأم نفسها؛ أنها تساعد علي عودة قناة الولادة (الرحم والمهبل) تـدريجيا إلي الحجـم الطبيعي قبل الحمل، وتقلل كذلك من احتمالات الإصابة بسرطان الثدي. والرضاعة من الثـدي حق للطفل أقره اللـه عز وجل، إذ إنّ هذا اللبن رزق الوليد، وحرمانه منه دون سـبب شرعـي أو عذر قهري ظلم وإجحاف تأثم به الأم. وقد أثبتت الدراسـات الحديثـة أنّ الأطفـال الـذين ينعمون بالرضاعة الطبيعية تقل بينهم نسبة الإصابة بأمراض الإسهال، وأمراض الجهاز التنفسي والأمراض المعدية وأمراض الحساسية؛ وأمراض سوء التغذية.

ولبن الأم يخلو من الجراثيم المرضية ولا يتعرض لها؛ لأنه ينساب مـن الثـدي إلي داخـل الفم مباشرة دون أن يتعرض للمحيط الخـارجي، مـما يعطـي الطفـل المناعـة ضـد الكثـير مـن الأمراض، كما أنه يمده بالمواد الغذائية اللازمة بالنسب المطلوبة.

والأطفال الذين يتغذون على لبن الأم يكونون أكثر ذكـاء مـن الأطفـال الـذين يتغـذون على الرضاعة الصناعية.

والطفل الذي يرضع من ثدي أمه يتمتع بصحة نفسية وجسدية أفضل من غيره.

* متى يرضع الطفل؟

يمكن للأم إرضاع طفلها بعد مضي ثلاث ساعات من الولادة تقريبا، فبعـد الوضـع تفرز من ثديها سائلا يميل إلي الصفرة اسمه (اللباء)، وهو الغذاء الوحيد للطفل، ويجب تناولـه، ولا يفرَز اللبن الحقيقي قبل اليوم الثالث أو الرابع.

وبداية الرضاعة الطبيعية بعد الولادة مباشرة تساعد على زيادة إدرار اللبن، وإذا كانت حالة الأم لا تسمح لها بالجلوس، فيمكنها القيام بعملية الرضاعة وهي في وضعها المريح.

وتستطيع الأم إدرار كمية كبيرة كافيـة مـن اللـبن إذا كـان الطفـل في الوضـع المناسـب للرضاعة، أمّا إذا كان الوضع غير مناسب للطفل أثناء عملية الرضاعة، فإنـه يكـون سـببا لكثـير من المشاكل.

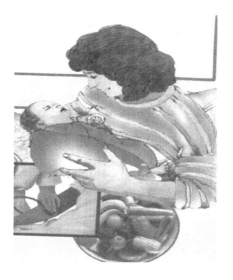

شكل (١٣)

* ومن العلامات التي تطمئن الأم إلي أنَّ وضع الطفل مناسب للرضاعة الطبيعية:

- أن يلتفت الطفل بكل جسمه ناحية الأم.

- أن يستطيع الطفل القيام بمصات طويلة وعميقة من ثدي الأم.

- أن يكون الطفل سعيدا ومستريحا وغير عصبي.

* طريقة الرضاعة الطبيعية:

هناك عدة أوضاع لإرضاع الطفل، وكلها تتطلب أن تكون الأم ووليدها في حالة مريحة؛ حتى تتم الرضاعة بنجاح.

يمكن للأم أن تقوم بعملية الرضاعة وهي جالسة على كرسي مريح، بحيث يكون وضع الطفل فوق بطنها؛ ليصبح كل جسمه مواجها وملاصقا لجسمها، ويصبح رأسه فوق كوعها ليكون مواجها للصدر الذي سيرضع منه،

وبذلك تكون الحلمة في فمه مباشرة، وعليها أن تجعل ذراعها التي تحمل الطفل تحت ظهره، أمَّا الذراع الأخرى فتسند بها ثدييها.

وتجعل الحلمة تلمس شفتي طفلها بخفة ورقة، فتكون استجابته فورية وتلقائية بأن يفتح فمه، وتقربه من جسمها أكثر وأكثر لتسهيل عملية المص عليه، فيتمكن من الضغط بلسانه وفكيه على مخازن اللبن في المنطقة المحيطة بالحلمة. وعليها أن تلاحظ أنَّ أنف الطفل سيكون قريبا، أو ملامسا للثدي، فإذا كانت فتحات الأنف مسدودة نتيجة لضغط الثدي عليها، فيجب أن ترفع ثديها قليلا بأصابعها مع تجنب الضغط بإصبع الإبهام على الثدي؛ لأنّ ذلك يسبب طرد الحلمة من فم الطفل.

* مدة الرضاعة:

لا يمكن تحديد زمن الرضعة بالضبط، لأنها تختلف حسب قوة امتصاص الطفل، فالطفل القوي إذا ما رضع ثديا يحتوي على كمية وافرة من اللبن تكفيه خمس دقائق، أمَّا إذا كان ضعيفا هزيلا، أو كانت كمية اللبن غير كافية؛ فإنه يستمر في الرضاعة عشرين دقيقة أو أكثر، يترك خلالها الثدي ليستريح. وبصفة عامة فإنّ متوسط الرضعة (١٥ دقيقة) تقسم على الثديين.

* زيادة إدرار لبن الأم:

من الأمور المفيدة في زيادة كمية اللبن وإدراره إذا كان غير كافٍ:

١. أن تشرب المرضع الكثير من الماء والسوائل، وأن تأكل التمر، وهو ما أوحى الله به إلى السيدة مريم كما جاء في قوله عز وجل: {فناداها من تحتها ألاّ

تحزني قد جعل ربك تحت سريا. وهزي إليك بجذع النخلة تساقط عليكم رطبا جنيا. فكلي واشربي وقري عينا} (مريم: ٢٤-٢٦).

٢. قوة امتصاص الطفل للثديين، فيجب أن يرضع الطفل من الثديين كل مرة.

٣. على الأم أن تنام جيدا، وتأكل جيدا، وتقوم برياضة يومية كالمشي.

٤. الإكثار من شرب اللبن بمقدار نصف لتر يوميًّا، وتدليك الثديين وضغطهما نحو الحلمـة، وقد يفيد وضع كمادات ساخنة وباردة بالتناوب على الثديين بعد التدليك.

* الرضاعة الصناعية:

هناك بعض الحالات التي يتعذر فيها قيام الأم بإرضاع طفلها، مثل غيابهـا، أو إصابتهـا بأحد الأمراض التي تقلل مـن إفراز اللبن، وفي مثل هذه الحـالات لابـد مـن استخدام الرضـاعة الصناعية لتغذية الطفل، وذلك على الرغم من وجود أضرار كثيرة لاستخدام هذه الطريقة مثل:

- حرمان الطفل من حقه الطبيعي في الحصول على أفضل غذاء (لبن الأم)، وهو الذي يحتوي على كل العناصر الغذائية التي يحتاجها الطفل، وكذلك الأجسام المضادة التـي تحميـه مـن مختلف الأمراض.

- يزداد استعداد الأطفال الذين تم إرضاعهم صناعيًّا للإصابة بالسمنة في المستقبل.

- تكون لدى الأطفال استعدادات للإصابة باضطرابات الجهاز الهضمي.

- يحتاج اللبن الصناعي إلى تحضير، واعتناء شديد بالتعقيم أثناء إعداد الرضعة.

- في حالة اللجوء إلى الرضاعة الصناعية لتغذية الطفل؛ يجب على الأم معرفة كيفية تحضير الرضعات بالطريقة السليمة.

* وهناك الكثير من النصائح التي يجب أن تقدم للأم في هذا المجال منها:

- يجب ألاّ يكون ثقب حلمة الزجاجة واسعا؛ حتى لا يُسبِّب للطفل الشَّرْقة، كما لا يصح أن يكون ضيقا فيصعب نزول اللبن مما يجهد الطفل، ويسبب حدوث التقلصات بالبطن.

- يجب أن تغسل الأم يديها بالماء والصابون، وتحرص على تقليم أظافرها جيدا مرتين في الأسبوع على الأقل.

- يجب غَلْي الماء لمدة خمس دقائق قبل استعماله.

- يجب تعقيم زجاجات الرضاعة وغسلها بالماء الساخن بعد الرضعة مباشرة.

- يجب على الأم أن تُعوض طفلها عن قدر الحنان الذي حُرِم منه نتيجة الرضاعة الصناعية، فعند إعطاء الزجاجة التي بها الرضعة، تضُّمه إلى صدرها حتى يشعر بالأمان، ويأخذ نصيبه من دفء الأم وحنانها.

- اتجاهات الطفل نحو العالم:

يبدأ الأطفال حوالي السنة الثانية بتكوين اتجاهاتهم نحو العالم من حولهم، يعتقد (أركسون) أنّ الإحساس بالثقة هو أول تلك الاتجاهات والإحساس بالثقة شعور عام بأنّ حاجات الفرد ستلبى وأنّ العالم مكان مأمون وودي وتتوقف شدة الشعور بالثقة في السنة الثانية على نوع العناية التي يلقاها الطفل عامة وعلى موقف الوالدين من إرضاء الحاجات الأساسية للطفل خاصة إذ تتمتع بعض الأمهات بأولادهن فيرضعنهم وهن بطبع هادئ مستريح ويلعبن

معهم وذلك خلافا لبعضهن اللواتي يعنين بأطفالهن وكأنهن يقمـن بعمـل كريـه وآلي، ويتنوع إحساس الناشئ بالثقة بتباين العناية بين الدفء والبرودة تؤكد مختلف الدراسـات أنّ حساسية الأم لحاجات طفلها وعطفها عليـه واستجابتها التلقائيـة لنأماتـه تجعلـه يحـس بـأنّ العالم مكان أمين وأنّ الناس من حوله طيبون.

وليس الطفل الآمن ملحاحا بل أنه يغتنم فرصة غيـاب الأم لكشـف العـالم مـن حولـه ولا يضايقه غياب الأم إن لم يطل كثيرا وتلك صفات تعوز الطفل الوجل.

الفصل الرابع
النمو البدني والوظيفي في مرحلة ما قبل المدرسة

- النمو البدني

- النمو العقلي

- النمو الانفعالي

- النمو الحسي

- الشخصية والنمو الاجتماعي في مرحلة ما قبل المدرسة

- النمو العقلي

- الذكاء

- اثر المكانة الاجتماعية والاقتصادية في الذكاء

- الفروق العرقية في الذكاء

- القدرات العقلية

- صفات الشخصية

- وعي الجسم

- الإحساس بالإتقان والسيطرة على الأشياء

- التفاعل مع الأقران

- العدوانية

- المفاهيم الأساسية

- مفهوم الذات

- النمو الخلقي

الفصل الرابع

النمو البدني والوظيفي في مرحلة

ما قبل المدرسة

* (من السنة الثانية حتى الخامسة)

يختلف النمو البدني والوظيفي في مرحلة ما قبل المدرسة التي تمتد بين السنتين الثانية والخامسة اختلافا كبيرا عنه في مرحلة الرضاعة فليس في النمو البدني للطفل ما قبل المدرسة ما يوازي تلك(القفزات) النمائية الخاصة بالطفل وهو يجلس أو يقف أو يمشي- للمرة الأولى ولا ننوي من هذا أن نقول بتوقف النمو الحركي في فترة ما قبل المدرسة بل بتدرجه وتنوعه وارتباطه بأنماط خاصة من التجربة والتمرين تغاير تجارب مرحلة الرضاعة ويخالف النمو العقلي نسق النمو البدني فيتغير في مرحلة ما قبل المدرسة بصورة أكثر وأوسع من تغيره في مرحلة الرضاعة، كما تتعرض مقومات التفكير المتمثلة بظواهر التعلم والإدراك والتفكير والتذكر وتكون المفاهيم اللغوية للكثير من التنميق والتدقيق.

- النمو البدني :

يكون النمو في الطول والوزن أقل سرعة خلال فترة ما قبل المدرسة منه في مرحلة الرضاعة لكن ضربي النمو المذكورين يستمران في الزيادة بنسبة أسرع من نسبة تزايدهما في فترة الطفولة المتوسطة ويبلغ طول الطفل في نهاية السنة

الثانية حوالي نصف طوله النهائي كراشد بالغ فيكون للطفل الكثير الحركة الـذي يبلـغ طوله ٨٠ سم حظ في أن يزيد طوله على ١٨ سم عند رشده ويزداد طـول الطفل بمعـدل ١٧ سم في السنة وذلك قبل السنة الثانية في حـين لا يزيد معـدل الزيـادة السـنوية بـين السـنتين الثانية والخامسة على ٧سم في العام وتبطؤ زيادة الوزن أو تتوقف لفترة عندما يكـون الطفـل الكثير الحركة ثقيل الجسم الأمر الذي قد يجعله يغدو طويلا نحـيلا دون أن يكتسـب أي وزن خلال جانب من فترة ما قبل المدرسة.

بينما يفقد معظم الصغار في السنة السادسة الكثير من التناسق العضوي الذي يتميـز بـه طفل مرحلة ما قبل المدرسة في عين الراشد فبدءا من السنة السادسة تنمو الـذراعان والسـاقان بصورة أسرع من نمو الجذع الأمر الذي يجعل الطفل يبدو كـاللقلق وتميـل البنـات للنضـج أبكـر من الصبيان إلاّ أنّ الصبيان يبقون حتى العاشرة مـن العمـر أطـول مـن البنـات وأثقـل. يكـون متوسط طول ابن السادسة ١١٦سم ووزنه ٢٤كغ تقريبا ويـزداد الطفـل كـل سـنة مـن سـنوات طفولته المتوسطة قرابة ٨سم و٢,٥كغ ويختلف معدل النمو من طفل لآخر إذ تقوم بين الصغار فروق فردية مذهلة في الوزن والطول ومعدلات زيادتهما إلاّ أنّ حجم الطفل طـولا ووزنـا يغـدو ثابتا ويمكن التنبؤ بتطوراته في تلك المرحلة فالطفل الذي يكون كبيرا أو صغيرا بالنسـبة لأقرانه في الطفولة المتوسطة سيكون كذلك بالنسبة لأقرانه الراشدين تصاحب تغيرات النسـب بـين أعضـاء الجسم تغيرات في تقاطيع الوجه فتضيق وجوه الأولاد وتنحـل بخسـارة شـحم الطفولـة ويخسـرـ الصغار الأسنان اللبنية ويبرز أول الأسنان الدائمة في السنة السادسة وبظهور بعض

الأسنان والأضراس الدائمة يتغير شكل الوجه أمّا العين فلا تصل إلى نهاية حجمها الطبيعي في السنة السادسة ويعاني كثير من الصغار بين السنتين السادسة والثامنة من بعد البصر الذي يصحح نفسه تلقائيا بعد الثامنة وحتى العاشرة حيث تبلغ العين حجمها وشكلها لدى الراشد ولذا تجب طباعة الكتب لتلك المرحلة بأحرف كبيرة.

وتعد سيطرة الولد على أعضاء طرح الفضلات من أكثر أنواع النمو الحركي أهمية والمألوف أن يسبق ضبط الأمعاء وتدريبها نظيره في المثانة إذ أنّ من السهل على الأطفال التحكم في أمعائهم قبل تمكنهم من التحكم في مثانتهم خاصة في أثناء الليل ويميل أغلب الأطفال للاستجابة للتدريب على التحكم في الأمعاء والمثانة حوالي السنة الثالثة على الرغم من قيام فروق فردية ترجع إلى نضج العضلات التي تتحكم بعضوي الغائط والبول والى جنس الولد واتجاهات الوالدين منه والغالب أن تسبق البنات الصبيان في السيطرة والتحكم بحركة طرد النفايات ويميل الصبيان خلافا للبنات لأن يطيلوا فترة تبليل فراشهم على الرغم من احتمال تعرض الفئتين خلال مرحلة ما قبل المدرسة لحوادث طارئة تذهب مؤقتا بمهارات السيطرة والتحكم، يدرب العديد من البنات وبعض الصبيان أنفسهم بطريق إخبار أهليهم عن وقت شعورهم بالحاجة إلى الخروج للحمام ويتوقف العمر الذي يتدرب فيه الصغير على التحكم بعضلاته على زمن مبادرة الأهل له وتشددهم في متابعته وذلك بحمل طفلهم إلى الحمام في فترات منتظمة أو كلما أحسوا بحاجته لفعل ذلك ولا بد أن يعاني الأطفال الذين يستمرون بتبليل فراشهم أو توسيخ ثيابهم حتى الطفولة المتوسطة من

تأخر نمو الجهاز العضلي ومن مشاكل عاطفية أو من الاثنين معـا إنّ عـلى أهـل هـؤلاء استشارة المختصين من أطباء ونفسيين لمعرفة المشكلات العاطفية المسؤولة عـن عجـز الصـغار عن السيطرة على عضلاتهم ومساعدتهم على حلها.

جميعهم إطعام أنفسهم في نهاية السنة الثانية واستخدام الشوكة والسكين بدرجة يتجلى نمـو الطفل ما قبل المدرسة في مجالات أخرى أيضا إذ يستطيع الأطفال من الكفاءة أمّا اسـتخدام السـكين في القطع ودهن الخبزة بالزبدة فيتأخر لعدد من السنوات ويتمكن ابن الثالثة من خلع ملابسـه كـما يتمكن ابن الرابعة من لبس ثيابه بنفسه جزئيا وذلك بتبكيل أزراره، ولمـا كـان اسـتخدام الشـوكة والسكين والملعقة يتم بتواضع اجتماعي محدد وجب ألا يبدأ به إلاّ بعد أن يكون الطفـل قـد امتلك القدرة الحركية الملائمة وذلك حوالي السنة السادسة أو السابعة.

تعد فعاليات الأرجحة والتسلق وقذف الكرة أهم الإنجـازات الحركيـة لفتـرة مـا قـبل المدرسة ويستطيع معظم أبناء الثالثة اجتياز خط مستقيم غـير أنّ التـوازن في اجتيـاز الـدائرة يتأخر سنوات عن ذلك التاريخ ولا يقوى الأطفال على الوقوف على قـدم واحـدة إلاّ في السـنة الخامسة وتتفوق البنات على الصبيان في الفعالية المذكورة إذ يستطعن احـتمال الوقـوف عـلى قدم واحدة لفترة أطول من الصبيان ويبدي نشاط الأطفال في التـوازن عـلى اللـوح الخشـبي تقدما عاديا خلال النمو وتقتصر قدرة أبناء الثانية على مجرد الوقوف على اللوح خلافا لأبنـاء الثالثة فإنهم يمشون على اللوح الخشبي بمناوبة القدمين أمّـا أبنـاء الرابعـة والنصـف فـإنهم يمشون عليه بسرعة ودونما تردد، يتضمن التسـلق تقـدما نمائيـا عاديـا يشـمل عوامـل حركيـة وأخرى عاطفية وأهم المشكلات العاطفية

المرتبطة بتسلق السلالم والأشجار هي الخوف من السقوط يظهر التسلق في زحف الرضيع الصاعد للسلم وما أن يبدأ الطفل بالمشي حتى يحاول تسلق السلالم دون أن يناوب قدميه وتبدأ مناوبة القدمين في السنة الرابعة والنصف الغالب ألاّ يحاول الأطفال نزول السلالم بمفردهم ولا يختلف تقدم الأطفال في قذف الأشياء عن تطورهم في تسلق السلالم.

يعكس اللعب نضج المهارات الحركية لدى أطفال ما قبل المدرسة إذ يحاول الصغار في الملعب تسلق المنحدرات الصغيرة وهبوطها والجلوس على الأراجيح وترك أنفسهم لأن يدفعوا أن بإمكان أطفال ما قبل المدرسة استخدام عدد متباين من وسائل اللعب المكشوف ويشيع ركوب الدراجات الثلاثية العجلات بين أبناء الثالثة الذين يستطيعون تنسيق توجيه المقود وتحريك المدوس أمّا ركوب الدراجة المزدوجة العجلات فيتأخر حتى نهاية الخامسة تقريبا .

يستطيع أطفال ما قبل المدرسة في مجال اللعب بالأدوات الصغيرة إمساك الفراشي ودهن الخطوط والدوائر وقطع الورق وإلصاقه والتلوين بالرصاص وما أن يقوى هؤلاء على استخدام القلم حتى يمار سوا عمليات الرسم التلقائي الذي يبدي تقدما سنيا مضطردا يبدأ الرسم بالخربشة البسيطة ويمر بمرحلة الخربشة التقليدية التي يمكن وصفها بالتالي: (يضع ابن الرابعة ثلاث بقع من الدهان على الورقة ويصيح بالراشد تعال انظر عصفور الغابة الوحشي- الكبير) يرسم الأطفال الأشياء التي ترمز إلى الحوادث والأشياء الأخرى والأفكار وقد يكون الرسم أحيانا حافلة كبيرة حمراء وأحيانا أخرى أم الطفل ثم تأتي مرحلة الخربشة الموجهة حيث يطلق الأطفال خربشتهم الموجهة المرغوبة سواء أكانت عمودية أم دائرية

وتتمثل أغلب رسوم أبناء الرابعة حتى السابعة بتخطيط قبلي يحاولون فيه تمثيل شيء يرونه والعادة أن يبدأ الطفل برسم الرأس ثم العين والأنف والفم دون أن يتقيد بالضرورة بالأماكن العادية لتلك الأعضاء ويحاول الصغار في المرحلة التخطيطية التي تظهر في السنة الخامسة تمثيل الشكل البشري كله الذي هو أنفسهم أن أمهم أو أبوهم وعلى الأهل لتشجيع نمو تلك المهارات الحركية توفير الأقلام والأصباغ والمكان الملائم والقماش وعليهم أيضا الامتناع عن سؤال الولد رسم ما يريدون رسمه هم والإلحاح على سؤاله ماذا رسم، لا بد من الإشارة إلى استخدام فعاليات لعب طفل ما قبل المدرسة لأغراض اجتماعية عملية وذلك شأن المهارات المكتسبة كلها في تلك المرحلة وتهدف فعالية طفل ما قبل المدرسة إضافة إلى عرض نشاطية الرضيع المتمثلة بتنمية المهارات الآلية والتناسق الحركي إلى تحقيق هدف أعم يتمثل بالبعد الاجتماعي الموجه صوب تحقيق التفاعل التبادلي التكيفي ويمكن للعب أن يكون كل شيء أو بعضه أي للتسلية أو للتعبير عن الذات أو لتحقيق التكيف الاجتماعي.

وعلى الرغم من اتفاق علماء النفس حول التفاصيل الوصفية للنمو الحركي كما تظهر في الفعالية الذاتية للفرد والحركة واللعب فإنهم يختلفون في الرأي بصدد كيفية اكتساب الفرد لأنماط الفعل تلك. يدعي بعض الباحثين أنّ الأولاد ينمون أنماط الحركة الماهرة بمعونة فعالية (فرز المعلومات) فيكتسب الطفل حركة ما مثل التوازن فوق اللوح الخشبي بالمحاولة وتصحيحها في إطار التقليم الذي يتلقاه عبر قدميه وتغدو المهارات في المرحلة الأخيرة تبعا لهذه النظرة أكثر اقتصادية وأقل تنوعا من مهارات المرحلة الأولى غير أن باحثين

آخرين يؤكدون إن اكتساب أنماط الفعل الماهر يرجع إلى المهمة الحركية ذاتها رجوعه إلى ظاهرة فرز المعلومات فيجعل الطفل من استجابة معيارية يقيمها مثيرا محددا يعمد إلى تعديله لتمثل المواقف الجديدة فقد يجرب الطفل على لوح التوازن خطوات مشيه ذاتها التي اعتادها في مشيته العادية على الأرض لكنه يزيد من سيطرته وتوجيهه استجابة للمثيرات الجديدة في الموقف الجديد وتقترح نظرية (المعيار المقام) أن الطفل يقيم تخطيطات معيارية لمختلف أنماط المهارات الحركية وإن المهارات الجديدة تكتسب بتعديل المهارات القديمة.

وهناك نظرية ثالثة تقرن فعل اكتساب المهارات بالنمو الإدراكي عامة واللغوي خاصة فقد وصف الباحثون في إحدى الدراسات ثلاثة اتجاهات للنمو اللغوي هي التعقد والتنوع والحمل الوظيفي، هكذا يتعقد النمو اللغوي من الناحية التصنيفية بحيث يعد الطفل الجمال والبغال والغنم حيوانات ويتضمن كلام الطفل الكثير من المقاطع التي تتمثل بوجود أشباه جمل فرعية في الجملة وبزيادة العمر يحدث تنوع في الدور الوظيفي للحديث إذ تخدم الجملة الواحدة أكثر من وظيفة في العبارة الواحدة ولقد صمم الباحثون ألعابا تساعد على اختيار الأصناف والمقاطع وتنوع الدور وعرضوها على أطفال من مختلف الأعمار فوجدوا في المهمة التي أبدعوها أن اللعب مشى بذات الاتجاه الملاحظ في تطور اللغة مما سمح لهم بالقول إن النمو الحركي يتبع خط النمو اللغوي للطفل نفسه أو العكس.

ومن المفيد التأكيد على أنّ النظريات الثلاث لا تتعارض فيما بينها بل وعلى النقيض من ذلك تتكامل بصورة ما إلاّ أن تلك النظريات لم تكتمل بعد وما زال

يعوزها أن تجمع الكثير من البيانات الداعمة أو المعارضة وكل ما تقوله النظريات في هذه المرحلة هو أن المهارات الركية إنجاز معقد ينمو بصورة تدريجية وأنه يتبع الخطوط العامة نفسها التي يتبعها اكتساب الأفكار المنطقية واللغة.

جدول(٢)

الطول والوزن للطفل في مرحلة ما قبل المدرسة

ذكور					إناث				
السن	الوزن		الطول راقدا		السن	الوزن		الطول راقدا	
١.٥ سنة	٣٦.٩	١٢.٣	٣٢.٣	٨١.٨	١.٥ سنة	١٥.٠	١١.٣	٣١.٥	٨٠.٠
سنتين	٢٩.٢	١٣.٢	٣٤.٤	٨٧.٤	سنتين	٢٧.٦	١٢.٥	٣٣.٩	٨٦.١
٢.٥ سنة	٣١.٥	١٤.٣	٣٦.٣	٩٢.٢	٢.٥ سنة	٣٠.١	١٣.٧	٣٥.٩	٩١.٢
٣ سنوات	٣٣.٥	١٥.٢	٣٨.٠	٩٦.٥	٣ سنوات	٣٧.٥	١٤.٧	٣٧.٦	٦٥.٥
٣.٥ سنة	٣٥.٩	١٦.٣	٣٩.٤	١٠٠.١	٣.٥ سنة	٢٥.٠	١٥.٩	٣٩.٢	٩٩.٥
٤ سنوات	٣٨.١	١٧.٣	٤٠.٩	١٠٣.٩	٤ سنوات	٣٧.٢	١٦.٩	٤٠.٧	١٠٣.٤
٤.٥ سنة	٤.٥	١٨.٤	٤٢.٤	١٠٧.٧	٤.٥ سنة	٤٠.٠	١٨.١	٤٢.٢	١٠٧.٢
٥ سنوات	٤٢.٨	١٩.٤	٤٣.٦	١١٠.٧	٥ سنوات	٤٢.٢	١٩.٣	٤٣.٥	١١٠.٥

- النمو العقلي :

يكون النمو العقلي لطفل مرحلة ما قبل المدرسة جليا شأن النمو العضوي والحركي خلال الرضاعة وينمي الأولاد في تلك الفترة ما يدعى بالذكاء العام وتقيه الروائز المشابهة لأدوات روز للأطفال والكبار والراشدين وتتكون في هذه المرحلة العمليات المعرفية المتنوعة كالإدراك والذاكرة والتعلم وحل المشكلات واللغة ويتسع إدراك الطفل للعالم ويتعمق بسبب اشتداد حدة قوته العقلية إذا ما قورن الأمر بذكاء الرضيع.

* تقويم الذكاء :

صممت روائز الذكاء في الأصل لأطفال ما قبل المدرسة وأطفال المدرسة فعكست أنماط القابليات التي يبديها هؤلاء الأطفال في التكيف للمواقف الجديدة وقد تضمنت بعض الروائز الفرعية في مقياس (ستانفورد - بينه) بعض القابليات التي يتوقع أن يمتلكها الأطفال بين السنتين الثانية والخامسة، وتهدف تلك الروائز إلى قياس التناسق الحركي الإدراكي فيسأل الأولاد في اللوح ذي الثقوب الثلاثة وضع مربع ومثلث ودائرة كل في ثقبه المناسب ويسألون في رائز آخر بناء قلعة من المكعبات وتتطلب الروائز اللفظية من الصغار التعرف على الأشياء بالاسم، وتسألهم روائز أخرى التعرف على صور الأشياء العامة ويدفع رائز آخر بعد فترة من الانتظار الأولاد لإيجاد شيء خبئ تحت واحد من ثلاثة أشياء الأمر الذي يجعله أداة لاختبار قدرة الصغار على التذكر. افترض (بينه) لدى تصحيحه رائزه للذكاء أنّ الشخص يمكن أن يعد متوسطا إن استطاع أداء ما يستطيع أبناء سنه أداءه وهكذا صمم الرائز أصلا ليكون مقياسا نفسيا ولم

يصمم ليكون مقياسا عضويا توضع بنود الروائز في مستويات خاصة من العمر طبقا لعدد الأولاد في العينة التعبيرية الذين أصابوا إجابة كل بند ففي رائز بينه استطاع خمسون بالمائة من أبناء السنة الثانية إصابة إجابة اللوحة ذات الثقوب الثلاثة وعجز أبناء السنة الأولى عن إصابة إجابة اللوحة المذكورة خلافا لأبناء الثالثة الذين حققوا إصابة كاملة للمشكلة الأمر الذي دفع الباحث لعد الرائز معيارا للسنة الثانية. هناك على العموم ستة روائز لكل مستوى سني والإجابة عن أي منها تكسب الطفل شهرين من المقابل الزمني وعادة يبدأ الفاحص بمستوى سني دون المستوى الذي يعتقد أنّ الطفل سيصيب إجابة كل بنوده وهذا ما يسمى بالعمر الأساسي فمثلا يعطى ابن الرابعة روائز مستوى السنة الثالثة كلها فإن أصاب إجابة كل بند من ذاك الرائز أعطي آليا مقابلا سنيا للسنوات السابقة كلها ويستمر الروز حتى يفشل الطفل في بنود الرائز كلها لعمر معين وهو ما يسمى بالعمر السقف وتتكون نقطة الطفل من نقطة العمر الأساسي مضافا إليها عدد الأشهر المكتسبة بعدها، وتشكل النقطة الكلية المكتسبة العمر العقلي للطفل.

لم يرق العمر العقلي الذي وضعه بينه للإشارة إلى المستوى العقلي للمبحوث للعديد من الباحثين الآخرين فطلبوا أداة قياس يمكن التعبير فيها عن ذكاء الطفل في إطار ذكاء الآخرين فقدم عالم النفس الألماني (شتاينر) مفهوم معامل الذكاء الذي حدد بالآتي:

$$\text{معامل الذكاء} = \frac{\text{العمر العقلي (ع ع)}}{\text{العمر الزمني (ع ز)}} \times ١٠٠$$

مثال: أنّ طفلا بعمر زمني قدره أربع سنوات وشهران قد حصل على عمر عقلي بلغ خمس سنوات فيكون معامل ذكائه:

$$\text{م ذ} = \frac{٦٠ \times ١٠٠}{٥٠} = ١٢٠$$

ويبلغ معامل ذكاء طفل بعمر زمني قدره ٧ سنوات و٦ أشهر وبعمر عقلي قدره ٥ سنوات و٣ أشهر:

$$\text{م ذ} = \frac{٦٣ \times ١٠٠}{٩٠} = ٧٠$$

إن متوسط معامل الذكاء الإحصائي للسكان في هذا النوع من القياس هو المائة، وتغدو النقط فوق المتوسط وتحته أقل تكرارا بمدى ابتعادها عن المتوسط.

عمد (وكسلر) إلى إيجاد طريقة لقياس الذكاء تختلف كليا عن منهج بينه وذلك بالتخلي كليا عن مفهوم العمر العقلي واستخدام مقياس نقطي للذكاء، وخلافا لبينه الذي ينقط الشخص بالأشهر والسنين يعمد (وكسلر) إلى قياس مبحوثه بالنقط ثم يحولها لمعاملات ذكاء، تعطي روائز (وكسلر) للراشدين والأطفال بمن فيهم أطفال ما قبل المدرسة ثلاثة معاملات ذكاء: الأول لفظي والثاني عملي والثالث كلي.

يمكن لأمثلة من رائز (وكسلر) الحديث لأطفال ما قبل المدرسة أن تساعد على إيضاح القابليات التي تختبرها المقاييس العملية والنظرية. يقوم أحد الروائز النوعية على المعلومات العامة ويشمل أسئلة مثل (كم يد عندك ؟) (ماذا يعيش في الماء ؟) ويتكون رائز لفظي آخر من المفردات التي يسأل الطفل عن تعريفها

يبدأ الرائز بكلمة حذاء وسكين ثم ينتقل إلى المفردات الأكثر صعوبة مثل مجهر ومقامر ويسأل أحد الروائز العملية الأطفال عن المقوم الناقص لشيء مألوف مثل سن مشط مكسورة ويتطلب رائز عملي ثانِ تصميم شكل باستخدام المكعبات وتجدر الإشارة هنا إلى أنه على الرغم من استخدام روائز بينه (ووكسلر) بنودا وإجراءات روز وطرائق تنقيط متباينة فإنها تترابط فيما بينها بمقدار(٠,٧٥) وهذا أمر يدل على أنّ الرائزين يقيسان قدرة عامة أو ذكاء عاما إضافة لقياسهما قابليات خاصة تتطلبها مختلف بنود الروائز العقلية وإن نحن سألنا عن السبب الذي يجعل روز أطفال المدرسة وما قبلها أكثر صدقا وثباتا من روز الرضع وجدنا أنّ صغار الأطفال وخلافا للرضع يمتلكون قابليات لفظية تسهل استجابتهم للتعليمات وإجابتهم عن البنود ثم أنّ أولئك الأولاد أكثر اجتماعية وأقدر اتصالا وأقل تركزا حول اهتماماتهم الخاصة من أندادهم الرضع لكن روز الأطفال يتطلب مهارة خارقة لأنّ على هؤلاء أن يشعروا بالراحة والرضا من الراشد كي يتمكنوا من إنجاز ما يطلب إليهم وقد أشارت إحدى الدراسات إلى العلاقة بين شعور الطفل بالراحة وبين إنجازه في الرائز وأكد الباحثون بأنّ واقعة فقر إنجاز الأطفال المحبطين في روائز الذكاء يرجع لعوامل دافعية مثبطة وليس لانخفاض القدرة العقلية تشمل تلك العوامل الشك بالراشد الغريب وعدم الرغبة في أن يبدو المرء مصيبا لمجرد الصواب وركون المفحوص للرضا بمستويات تحصيل دنيا.

ولا بد من الإشارة إلى أنه لا يصح الاعتماد على معامل الذكاء وحده في تقويم الناشئة ومن المؤكد أنّ الذكاء المرتفع على الرغم من فائدته الكبرى في

المدرسة والحياة وبالنسبة لمراحل النمو كافة غير كافٍ بحد ذاته ولا يضمن النجاح فقد يكون معامل الذكاء مرتفعا مع أنّ صاحبه ضعيف في السلوك الاجتماعي والخلقي وفي الكثير من المهارات وأنماط الفعل الضرورية لمواجهة متطلبات الحياة كما أنّ معامل الذكاء المرتفع لا يضمن مهارة الإنجاز الكاملة ولا شك أنّ العمل المدرسي يتطلب أكثر من معامل ذكاء مرتفع من أجل التكيف المناسب مع المدرسة ومطالبيها، من جهة ثانية تعرضت مقاييس الذكاء ونظرية القدرات العقلية بمجملها لهجوم عنيف من قبل بعض علماء النفس الذين تحدوا معنى روائز الذكاء وقيمتها ويدعي هؤلاء أنّ روائز الذكاء لا تقيس الذكاء الأصلي بل تقيس مجموعة محدودة من الكفاءات التي تتعلمها الطبقة المتوسطة وتشمل تلك الكفاءات المهارات اللفظية والاتجاه من التحصيل وأساليب وإجابة الرائز وغيرها وبما أنّ تلك المهارات تكون مكتسبة وليست جزءا من المعطى الأصلي للطفل فإنّ ابن الطبقة المتوسطة والعليا يكون في وضع محاباة وتحيز خلافا لوضع ابن الطبقة الدنيا الذي يتصف وضعه إبان الرائز العقلي بالتحيز الظالم، وهذا ما يفسر السبب الذي يجعل أبناء الطبقة المتوسطة يحصلون بانتظام على نقط أعلى من نظيرتها لدى أبناء الطبقات الدنيا.

إنّ علماء النفس السوفييت يؤيدون وجهة النظر السابقة تأييدا مطلقا ويؤكد (تبلوف و لييتس) في هذا الصدد أنّ المعايير العمرية والانحرافات الفردية عن هذه المعايير تتحدد بالروائز التي ترتبط بنتائجها بدرجة هائلة بالوسط الاجتماعي الذي ينشأ فيه الأطفال وبما يتوفر لهم من عوامل التعليم والتعلم ومن هنا فإنّ لأبناء الطبقات العليا في روائز الذكاء فرصا أكبر للنجاح من أبناء

الطبقات الدنيا وبرأي (ل. س فيجـو تسـكي **Vygotsky**) فـإنّ معامـل الـذكاء الـذي يصف بدرجة ما القابليات الفردية للطفل يظل دائما موضع شك فقد يخفق الطفل على سبيل المثال في حل مسألة من المسائل أو بند من بنود الاختبار لا لأنـه متخلـف بالفعـل بـل لأنـه لم يكتسب ببساطة خبرة أو معرفة بهذه الناحية. إضافة إلى ذلك تعول روائز الذكاء عـلى الإنتـاج النهائي للنشاط العقلي دون أن تعير اهتماما لكيفية تشكل هذا النشاط وصيرورته وليس المهم برأي علماء النفس السوفييت أن نحدد إنجاز الطفل في لحظة محددة فحسب كما هـو الحـال عند استخدام الروائز العقلية بل المهـم تتبـع مسـار النمـو مـن أجـل تحقيـق الـتحكم الأمثـل بعملية النمو وهكذا فإنّ تقديرات الأطفال عن طريـق روائـز الـذكاء يجـب أن تـدحض لـيس فقط لأن هذه الروائز تؤدي إلى ترسيخ التمايـز الطبقـي في المجتمـع بـل ولاعتبـارات علميـة بحتة.

- النمو الأنفعالي

أنّ خبرات الطفل الوجدانية والانفعالية تأخـذ في التمايـز والتنظـيم في مرحلـة مـا قبـل المدرسـة حيـث يـزداد تمـايز الاسـتجابات الانفعاليـة وتأخـذ الانفعـالات في الشـدة والمبالغـة (كالحب الشديد والغضب الشديد والكراهية الشديدة) كما تتنوع انفعالات الطفل من انفعال لآخر (من الضحك للبكاء ومن الانشراح للانقباض) وتظهر الانفعالات المركزة حول الذات مثـل الإحساس بالذنب والخجل ولوم الذات ومشاعر الثقة بالنفس واكتساب العواطف الاجتماعيـة والاتجاهات الأخلاقية والجمالية.

كذلك ضرورة الاستفادة من مثيرات الطفل في هـذه المرحلـة إذ يمكـن تحويـل اسـتثارة الطفل إلى حركة إرادية وأكد أنّ الحكم على المثيرات يختلـف عـن الحركـة الناجمـة وأنّ رفض الحكم على الأشياء أو تأخير الحكم عليها لا يعني عدم ظهور الاستجابة في صـورة حركـة ذلـك لأن الحركة هي نشاط إيجابي يعني أنّ الطفل يفكر وربما تبـدو فيـه حركـات مبتكـرة بـدون حكم حقيقي على الأشياء التي تميزه فبعض الأشياء التي يعتاد عليها الطفل لا تولد له الرغبـة في التفكير وتصبح روتينا يوميا يعتاد عليه وبعضها الآخر تنيره وتؤدي لظهـور انفعـالات يمكـن توجيهها واستثمارها في أطار من اللعب والتسلية.

-   النمو الحسي

وأكد العديد من الخبراء على أنّ الحواس التي يستخدمها الإنسان لا تقتصر على كل من البصر والشم والسمع واللمس والتذوق وإنما تتعداها إلى استخدام اللغة وبخاصة عند الأطفال وأنها تمثل مدخلا أوليا لتعلم أشياء واكتساب معلومات عن أشياء فـأول مـرة بالطريقـة التـي تشرح لهم بها وبخاصة حينما يتعلق الأمر بالتربية الحركية والتـي تجمـع المعلومـات المحيطـة بطريقة مشابهة للمعلومات التي تتجمع في المواقف الاجتماعيـة. إنّ الطفل في هـذه المرحلـة يسعى عن طريق حواسه التي تنقل الصور الخارجية المحيطة بالفرد وترصدها وتنقلها للجهـاز العصبي فينتقل أثرها وتصدر استجابات مختلفة ويضيف أنه في هـذه المرحلـة تتضـح حـواس الطفل بالتدرج والتعرف على العالم الخارجي المحيط به يساعده في ذلك قدرتـه عـلى الحركـة والمشي وإدراكه البصري والسمعي ويتسم بصر الطفل بالطول وسمعه بالتميز.

- الشخصية والنمو الاجتماعي في مرحلة ما قبل المدرسة:

* (من السنة الثانية حتى الخامسة)

يتأكد السلوك التعبيري المكتسب خلال هذه المرحلة بين العامين الثاني والخامس ويتبلور في أنماط فردية فينمي الأطفال العديد من الاتجاهات المتميزة والتفضيلات والأساليب الفردية في الفعل ويغدو أطفال ما قبل المدرسة وأعين لذواتهم كأفراد ويبدؤون بتشكيل بعض الاتجاهات السلبية والإيجابية نحو ذواتهم كما أنّ الأطفال يجدون أنفسهم في هذه المرحلة في احتكاك مع عدد متزايد من أنماط الناس الذين يقيمون معهم وباستمرار العديد من ضروب التفاعل الاجتماعي وتكون الطفولة المبكرة فترة حاسمة يحقق فيها الكبار التأهيل الاجتماعي للصغار وينقلون إليهم تراثهم الاجتماعي.

أنّ النمو الاجتماعي في هذه المرحلة يكسب الطفل السلوك الذي يساعده على التفاعل مع الأفراد المحيطين به وقسم النمو الاجتماعي إلى أربعة أطوار رئيسية في مرحلة الطفولة المبكرة هي: النمو اللغوي، الابتسام، التفاعل مع أفراد الأسرة واللعب، وإنّ النمو اللغوي أمر ضروري يساعد الطفل على فهم رغبات الآخرين ويساعد على مد الطفل بثروة مع المعلومات عن العالم المحيط به وعن أهمية اللعب يؤكد فؤاد البهي السيد نقلا عن (أريكسون **Ericson**) أنّ لعب الطفل عبارة عن المظهر الطفولي للقدرة البشرية لاستيعاب خبرات الحياة إذ يمر الطفل في نموه بخبرات يصعب عليه استيعابها بدون إيجاد مواقف نمو جيد

في لعبة ما يسيطر فيها على الواقع بالتجريب والتخطيط وأعتبر العلماء ظاهرة اللعب ظاهرة غريزية أو نزعة قطرية.

وإنّ أهمية ألعاب التفكير المنطقي في المرحلة لا بغرض اكتساب الطفل معلومـات عـن موضوع معين أو قواعد حل منطقية لمشكلة ما ولكن لغرض تـدريب الطفـل عـلى عمليـات التفكير من خلال التغذية الاسترجاعية للعمليات الحسابية البسيطة.

والتأكيد عـلى أهميـة اللعـب في نمـو الشخصية الاجتماعيـة للطفل، فالأطفـال الـذين يحرمون من فرص اللعب يضيعون تجربة التعلم الاجتماعي الحيـة وتقل ثقتهم بالـذات وأنّ النمو اللغوي للطفل يلعب دورا هاما في إكسابه المفاهيم المختلفـة باعتبـار المفـاهيم رمـوزا لغوية واستنادا لآراء (سميث Smith) تضيف أنّ حاجة الطفل لاكتساب المهـارة اللغويـة في الحاجات التي تتعلق بالنمو العقلي للطفل حيث أنّ التفكير السليم يرتبط ارتباطا وثيقا بالنمو اللغوي فاللغـة هي التي تكون المفاهيم الحسية والمجردة أي أنّ اللغة بصـورتها اللفظيـة هـي مظهر قوي من مظـاهر النمـو العقلي والجسـمي والحـركي والاتصـال الاجتماعـي مـن وسـائل التفكير والابتكار والتخيل والتذكر.

- النمو العقلي :

أنّ طفل هذه المرحلة يتميز بزيـادة التـذكر والتخيـل وتـزداد أيضـا قـدرة الطفل عـلى الفهم واستخدام "الخيال وأحلام اليقظة" وأنّ حجم الذاكرة العاملة التي يتمتع بها الطفل لا تزيد كثيرا في هذه المرحلة ولكنها تتميز بالكفاءة العالية.

وأنّ هذه المرحلة العمرية هي مرحلة السؤال وتكون دوافع أسئلة الطفل أحيانـا ليسـت إلاّ نشاطا للعقل المتسائل كثيرا من أسئلة على حاجة الطفل للطمأنينة والاستزادة العقلية المعرفية ويزيد الخبرات التي تمر به والأشياء المتميزة لانتباهه.

وهناك بعض العوامل التي تؤثر على النمو العقلي هي الناحية الصحية العامـة للطفـل وأسلوب التربية والتعليم والظـروف والتغـيرات البيئيـة والدافعيـة والفرص المتاحـة وأسـلوب التربية والتعليم.

وأنّ الخصائص التي تميز النمو المعرفي لطفلٍ ما قبل المدرسـة وذلك عـن طريـق الملاحظـات والتجارب التي أجراها وكررها التلاميذ وفيما يلي تفصيل الخصائص:

- التفكير الإيهامي: يعتمد الأطفال في تفكيرهم في هـذه المرحلـة عـلى الحـدس أو البداهـة وليس على المنطق.

- التمركز حول الذات: والأطفال في هذه المرحلة ليسـوا أنانيين ولكـنهم يـدركون العـالم مـن منظورهم الخاص.

- مشكلة الاحتفاظ: وهي تكوين مفاهيم ثابتة مستقرة في مواجهـة التغيير المسـتمر الـذي يحدث في البيئة.

- التفكير الحدسي: وهو التفكير الذي يعتمد على حواسه وتخيله أكـثر مـن أي شيء أخـر ي يخمن فيه الطفل الحل.

حيث أنّ في مرحلة ما قبـل المدرسـة ينتقـل الطفـل مـن التفكير بجسـمه إلى التفكير بعقله أي أنه يكتسب المعرفة كإنسان.

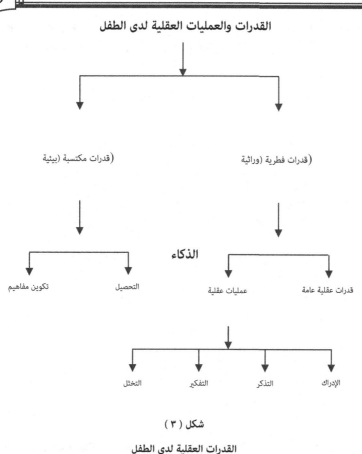

القدرات والعمليات العقلية لدى الطفل

(قدرات مكتسبة (بيئية

(قدرات فطرية (وراثية

الذكاء

تكوين مفاهيم

التحصيل

عمليات عقلية

قدرات عقلية عامة

التخيل

التفكير

التذكر

الإدراك

شكل (٣)

القدرات العقلية لدى الطفل

- الذكاء:

سبق أن أشرنا إلى عيوب روائز الذكاء من حيـث عجزهـا عـن التنبـؤ بـالفروق الفرديـة والفئوية في عمر متأخر غير أنّ روائز الذكاء لعمر الثالثة وما بعده تغدو أدوات تنبؤية تتمتـع بدرجة من الثبات والصدق تفوق كثيرا نظيرتها لروائز المرحلة السـابقة ويمكن بسـبب الثبات النسبي لمعامل الذكاء العملي خلال هذه الفترة استخدام الروائز لتقدير مساهمات العوامل المحيطية في الذكاء العملي.

تغدو الفروق الفردية والفئوية واضحة تماما في عدد من الجوانب خلال سنوات ما قبل المدرسة يرجع عدد من تلك الفروق إلى   عوامل مترابطة متفاعلة فيمكن مثلا إيضـاح الكثير من الفروق في أطر الطبقة الاجتماعية

والأصل العرقي والمستوى الثقافي الفئوي والمجتمعي وبغية الإيضاح سوف نتفحص بعض تلك العوامل بصورة منفصلة دون أن ننسى التفاعل الهام الذي يعمل فيها.

شكل (١٥)

النمو العقلي للطفل

- الفروق الفئوية في الذكاء:

قورنت فئات متماثلة البنية (أي يفترض أن تكون ذات أصل وراثي واحد) في الذكاء فلم تمكن الفروق العقلية القائمة بين فئة وأخرى من اتخاذ أي حكم قاطع بصدد تأثر الـذكاء بكل من الوراثة والبيئة. وبتعبير آخر لم يكن بالإمكان في مثل تلك المقارنات عزل العامل البيئي عن العامل الوراثي. وبنتيجة ذلك تعـذر تحقيـق الهـدف الـذي يتمثـل في تحديـد دور العامـل البيئي في الذكاء.

أمّا مقارنة الفئات مختلفة البنية ذات الأصول الوراثية المتباينة والتي تهدف إلى تحديد دور العامل الوراثي في الذكاء فتمكن بدرجة ما من عزل العامل الوراثي عن العامل البيئي.

وعلى أي حال لا بد للدراسة العلمية الصحيحة من أن تتجاوز الحدود الفئوية وأن تميز الفروق القائمة بين فئة وأخرى. ومن المفيد والممكن معا عد الفروق داخل الفئة الواحدة دليلا جيدا لأثر العامل البيئي خاصة وأن للفئة الواحدة أصلا وراثيا يفترض أن يكون واحدا.

- أثر المكانة الاجتماعية والاقتصادية في الذكاء :

تتفق نتائج الدراسات كلها على أنّ الذكاء يرتبط إيجابيا بالمكانة الاجتماعية والاقتصادية للفرد تقاس المكانة الاجتماعية والاقتصادية بمجموعة إجراءات تشمل مستوى التحصيل الدراسي للوالدين ودخلهم. وبهدف كشف دور المكانة الاجتماعية والاقتصادية في الذكاء حددت معاملات الذكاء ومدى ترابطها بالمستوى الاجتماعي والاقتصادي عند مختلف الفئات العرقية للسكان ولقد تبين أنّ معامل الذكاء يترابط مع المستوى الاجتماعي والاقتصادي لأطفال ما قبل المدرسة السود بمقدار (٠,٢٤) والبيض بمقدار (٠,٣٣) ولم يتخط معامل الترابط بين الذكاء والمستوى الاجتماعي والاقتصادي للأمريكيين الهنود درجة الصفر. ولقد أُجريت دراسات أخرى بهدف مقارنة متوسطات معاملات الذكاء للبيض وللسود من الطبقات الاجتماعية كلها وتوصلت إلى تأكيد وجود فروق بين معاملات ذكاء مختلف الطبقات إلاّ أنّ تلك الفروق لم تكن على درجة كبيرة من الوضوح إنّ الأمر في جملته مشابه لمعاملات الترابط السابقة إذ تدل تلك المعاملات على وجود ترابط ملموس بين الذكاء والمستوى الاجتماعي الاقتصادي لكن نسبة الترابط لم تتعد الجذر التربيعي للرقم (٠,٣٥) والرقم (٠,٣٠) أي أنّ تلك النسبة تراوحت حول الخمسين بالمائة ولم تتجاوزها يبدو

أنّ السبب في ذلك يرجع إلى ضرورة توفر قدر محدد من الـذكاء للنجـاح الاقتصـادي في المجتمع وهذا القدر من الذكاء يكـون مسـؤولا عـن تـرابط المسـتوى الاجتماعـي والاقتصـادي بمعامل الذكاء.

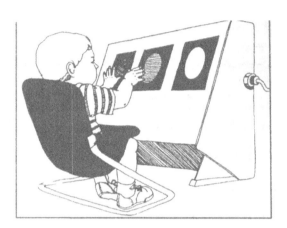

-   الفروق العرقية في الذكاء :

قدمت في أواخر الستينات محاولة لإيضاح الفروق بين السود والبيض في الذكاء غـير أن تلك المحاولة استندت إلى فرضية متحيزة لصالح البيض إذ تـدنت نقط السـود عـن المتوسـط كثيرا فاقترح (جنسون ١٩٦٩) أنّ السبب قد يرجع إلى الوراثة أكثر من رجوعه للمحيط وجمـع الباحث قدرا كبيرا من الأدلة الإحصائية تدعى فرضيته ولكن الفرضية أثارت قـدرا واضحا مـن الجدل.

أشرنا من قبل إلى عجز معامل الـذكاء عـن قيـاس المسـاهمات الوراثيـة في الـذكاء عنـد الفئات المختلفة ولعل ذلك هو الخطأ الأساسي في نقاش (جنسن) ولقد كتب العـالم (ريتشـارد لونتين R. Lewontin) في هذا الصدد (إذا كانت لفئتين درجة وراثية رفيعة بصـدد صـفة ما وكان بين الفئتين متوسط فرقي فهل

يكون الفرق وراثيا بمجمله؟ ثمة احتمال أن الفئتين تختلفان وراثيا بسبب تـاريخ سـابق من الانتقاء التفريقي لنمط وراثي يثبت التباين النوعي).

والاحتمال الآخر هو أنّ الفئتين قد تختلفان نوعيا بسبب أحـداث تاريخيـة ترجـع إلى التعيين النوعي دون انتقاء تفريقي وثالث الاحتمالات هو أن تكون الفئتان متشابهتين لكـنهما تعيشان في أوساط يختلف بعضها عن بعض الآخر ببعض العوامل الحرجة المحددة تحدث تلك الحالات كلها في الطبيعة وقد تتكرر ولا يمكن إلصاق احتمال قبلي بها.

إنّ الحجة الأساسـية في مناقشـة (جنسـن) هـي أنّ اتجـاه الفرق بـين البيض والسـود يكشف فرقا نوعيا عميقا ولكن ليس لمسلمة (جنسن) هذه ما يسوغها حتى ولو تأكد وجـود فروق لا يستهان بها بين السود والبيض في الصبغيات المؤثرة في معامل الذكاء إضافة إلى ذلك فإنّ إزالة الفروق المحيطية لا يعني ببساطة تضيق الثغرة في التحصيل بين السود والبيض وإنما قد يؤدي بسهولة إلى تضيـيق الثغرة في الاتجاه الآخر بحيـث يتفوق السـود عـلى البيـض في المتوسط من جهة ثانية نجد مناقشة (جنسن) خاطئة من وجهة نظر علم النفس فالباحث يفترض أنّ معامل الذكاء قياس متساوي الصدق للفروق الوراثية الأصل سـواء بـين الفئـات أم داخلها إلاّ أنّ الروائز، وخاصة تلك التـي اسـتخدامها (جنسـن)، تقيـس الصفات المختلفـة بـين الفئات وليس داخلها فروائز الثبات التي وضعها (بياجه)، مثلا، تعطـي تقويمـا معقـولا للنمـو المعرفي الإدراكي لأطفال من أوساط متماثلة أمّا عندما يراز أطفال من أوساط متباينـة، فـإنّ أي فرق بين الفئات سوف يعكس النمو والوسط على السواء. إضافة إلى ذلك لا بـد مـن التسـليم بتماثل

الوسط لتحديد الفروق داخل الفئات وعلى هذا الأساس يمكن عد معامل الذكاء قياسا معقولا للفروق داخل الفئات، وذلك لتحديد أثر الوراثة والمحيط، عندما يمكن التسليم بثبات الوسط واستمراريته.

* الفروق بين الجنسين

مما لا شك فيه أنّ هناك فروقا كبيرة بين الصبيان والبنات في مرحلة ما قبل المدرسة تختلف أسبابها من صفة عقلية لأخرى ويبدو أنّ تلك الفروق ترجع إلى عوامل حيوية واجتماعية متضافرة أمّا منشأ تباين صفات الشخصية فربما يرجع بمعظمه إلى الوسط الاجتماعي.

- القدرات العقلية :

يعتقد الكثيرون أنّ البنات أقدر على أداء المهمات اللفظية من الصبيان الذين يتفوقون عليهن في مهمات تقوم على الإدراك المكاني والفهم الميكانيكي ويؤكد (ماكوبي وجاكلين) اللذان جمعا وقائع ضخمة في هذا المجال وجود فروق كبيرة في النمو اللغوي فالبنات يبقين متفوقات على الصبيان حتى السنة الثالثة من العمر حيث يلحق الصبيان بهن وتستعيد البنات تفوقهن حوالي السنة الحادية عشرة وفي دراسة أخرى أبدى الإناث ومنذ سن مبكرة تفوقا واضحا في القدرة اللغوية واستمر هذا التفوق مدى الحياة وقد أوضحت الملاحظات على الأطفال جميعهم سواء في ذلك العاديون والنوابغ وضعاف العقول أنّ البنات يبدأن في الكلام قبل الأولاد كذلك وجد أنه في الأعمار جميعها تكون نسبة الإصابات باضطرابات الكلام أو التأخر في القراءة أقل كثيرا عند البنات منها

عند البنين وقد أظهرت البنات تفوقا مستمرا في روائز سرعة القراءة والألفاظ المتشابهة والمتضادة وتكميل الجمل وإعادة ترتيبها وربما يعزى تفوق البنات في العديد من روائز الذكاء اللفظية إلى القدر الكبير الذي تتضمنه في النواحي اللغوية واللفظية.

ليس ثمة ما يؤكد الافتراض القائل بتفوق الصبيان على البنات في قابلية إدراك المكان إذ أنّ الحكم بتفوق أحد الجنسين على الآخر يصطد بالعجز عن تحديد قابليات إدراك المكان ووسيلة قياسها وعلى العموم فعندما تبرز فروق الأداء في قابليات إدراك المكان بين الجنسين يتفوق الصبيان على البنات ولقد أكد (ماكوبي وجاكلين) أنّ تفوق الصبيان على أندادهم البنات في القدرة المكانية يظهر في سن المراهقة ويستمر في سن الرشد حيث يثبت ويستقر. هذا وقد لوحظ باستمرار أنّ الذكور يمتازون دائما في مختلف نواحي القدرة الميكانيكية. ويتفوق الذكور عادة في روائز لوحات الأشكال والصناديق المحيرة والمتاهات وروائز الحل والتركيب وغير ذلك من أنواع الروائز التي تدخل ضمن مكونات مقاييس الذكاء العملية. إلاّ أنّ الإناث أبدين تفوقا واضحا في اختبارات المهارة اليدوية والرشاقة في استخدام الأصابع.

أخيرا لم يجد (ماكوبي وجاكلين) في مراجعتهما للفروق الجنسية في القابلية الكمية والتفكير التحليلي والمنطق أي فرق بين الذكور والإناث إلاّ في المراهقة. وحتى في سن المراهقة فإنّ أكثر الدراسات تنفي قيام فروق جنسية كبيرة في القابليات المشار إليها. وكل ما يقال الآن هو التأكيد بنفي الفروق الجنسية في تلك القابليات في مرحلة ما قبل المدرسة.

- صفات الشخصية :

تشمل الفروق بين الجنسين كثيرا من جوانب السلوك وتعكس تباينا واضحا في صفات الشخصيتين الذكرية والأنثوية. ولاشك أنّ التباين في صفات الشخصية بين الجنسين يرتبط ارتباطا وثيقا بالبيئة الاجتماعية. وبهدف الكشف عن الفروق الجنسية في صفات الشخصية سندرس أثر تلك الفروق في استقلالية الإدراك واللعب والعدوانية.

عرفت استقلالية الحقل الإدراكي بالميل لتوجيه الفرد لمحيطه المباشر في إطار دلائل تنبع من داخله أمّا اتكالية الحقل الإدراكي فتعرف بالميل لاستخدام الدلائل الخارجية لتوجيه المحيط المباشر للفرد. ويكون الطفل الذي ينتظر توجيهات أقرانه أو الراشدين ليؤدي عملا ما اتكالي الإدراك خلافا لنظيره الذي يقوم الموقف ويفعل ويقرر ما يراه ملائما فهو استقلالي الإدراك والاستقلالية والاتكالية سمتان بارزتان في الشخصية البشرية تؤثران في الكثير من ضروب سلوك الفرد.

تؤكد أغلب الدراسات ميل الإناث طفلات وراشدات لأن يكن اتكاليات النمط الإدراكي خلافا للذكور الذين يتميزون باستقلالية النمط الإدراكي. وقد حاول بعض الباحثين إرجاع الفروق المذكورة إلى القوالب الفكرية القبلية المميزة للبيئة وما تلقيه من ضغط على المرأة لتخضع للمواصفات الاجتماعية. تؤكد ظاهرة مساواة الاسكيمو للمرأة بالرجل وانعدام فروق النمط الإدراكي بين الجنسين هناك صحة التفسير المذكور ومن طرف آخر فإن جماعة (تين) في أفريقيا الشرقية تضطهد المرأة فتظهر اتكاليتها إلى جانب استقلالية الرجل.

لقد وضعت روائز النمط الإدراكي بالأصل للراشدين إلاّ أنّ المحاولات الأخيرة قد توجهت نحو تصميم روائز لقياس تلك السمة لدى الأطفال فوضعت روائز الأشكال المخفية لأطفال ما قبل المدرسة. وتتطلب تلك الروائز من الطفل أن يجد شكلا بسيطا مخفيا في شكل معقد. يفترض أنّ استقلالي النمط الإدراكي من الأطفال أقل ميلا من اتكاليي النمط الإدراكي للانزعاج من المهمة أو لتسليم ذواتهم للتضليل الإدراكي في الشكل المعقد. وقد وجد بنتيجة الروز أنّ صبيان الرابعة والخامسة أميل إلى استقلالية النمط الإدراكي من بنات تلك السن.

وكما يؤكد الباحثون ترجع الفروق المذكورة إلى القوالب الفكرة السائدة والمحددة لدور الأنثى في المجتمع. ويشير ميل بنات ما قبل المدرسة للاتكالية وصبيانها للاستقلالية إلى أنّ السمة المذكورة هي نتاج ضرب من التعلم الشرطي المعزز.

كان المحلل النفسي الشهير (أريك أريكسون) أول من لاحظ فروق الصبيان عن البنات في مجال اللعب. وأكد (أريكسون) ميل البنات للعب في الساحات الداخلية المكشوفة إذ وضعن تصاميم تشابه العرصات الداخلية للبيوت العربية المعروفة أمّا الصبيان فكانت أبنيتهم قلاعا وممرات متعرجة. ولقد خاف الصبيان من تحطم قلاعهم أمّا البنات فكن يخشين اجتياح الحرمة الداخلية لأبنيتهن. وبرأي (أريكسون) تبدو الرمزية الجنسية في الفعاليات المشار إليها في غاية الوضوح. أمّا الشيء الغامض فهو أصل تلك الرمزية وسبب الفروق فيها. وفي محاولة للإجابة على هذا السؤال وتفسير الفروق القائمة بين الجنسين في مجال اللعب أكد بعض الباحثين خضوع اللعب عند الأطفال

لإشراط اجتماعي معزز فالمألوف أن تعطي البنات دمى وأشياء نسائية ويشجعن على اللعب بها خلافا للصبيان الذين توفر لهم مواد البناء والعربات والسيارات والمعاول والرفوش ويشجعون على اللعب بها إلاّ أنّ هذا التفسير لم يلق قبولا عند (غرامر وهوغانّ) اللذين قدما ردا شاملا ضد نظرية التعلم التي اقترحها (أريكسون) لتفسير تلك الفروق وأكدا على أنّ لعب الأطفال يعكس (مواضيع) أساسية ترتبط بفروق البنى العضوية بين الجنسين. ربما كان بعض الحقيقة في كل من التفسيرين إذ ربما توجه اختيار الأهل لألعاب أطفالهم بإدراكهم للفروق في بناهم الجسمية. وليس تشجيع الوالدين لأطفالهم للعب بالأشياء الملائمة لأجسامهم إلاّ خضوعا لمبدأ إدراك الفروق الجسمية ولكنه خضوع يؤمن بالتعلم الاجتماعي الاشتراطي المعزز.

هناك فروق أخرى ترتبط بالفروق في لعب الجنسين وتتمثل بعدوانية كل من الصبيان والبنات. تظهر الفروق بين الجنسين في العدوانية باكرا في السنة الأولى ويبدى الصبيان نزعة للعدوان والاكتشاف أشد من نظيرتها لدى البنات. وتتضح تلك الفروق وتشتد في مرحلة ما قبل المدرسة التي يهتم فيها الصبي بالأشياء خلافا لاهتمام البنت الذي يتعلق بالناس. وتشير الدراسات المتعددة إلى أنّ الصبيان يصرفون من وقتهم في العدوان ضعف الوقت الذي تصرفه البنات فيه فإن اختلفت البنت مع أحد على أمر مالت إلى الخضوع أو النزاع الكلامي ولا تحاول أن تتعارك من أجل ما تسميه حقها في الشيء أمّا الصبيان فالعراك سبيلهم لإقرار منازعاتهم.

إن التباين في صفات الشخصيتين الذكرية والأنثوية يتجلى أيضا في مجال التفاعل الاجتماعي. ففي مواقف المجابهة مع الوالدين أو أي شخص آخر يسلك الصبيان والبنات بصورة جد مختلفة. فتبدو البنات خائفات مترددات وتبدين حركات في الوجه تنم عن التوجس في حين لا يبدي الصبيان خوفا ملحوظا في مثل تلك المواقف ويديرون رؤوسهم ووجوههم بعيدا عن مشهد المجابهة. إنّ التفاعل الاجتماعي لكل من الصبيان والبنات في غاية الاختلاف والتعقيد ويرجع هذا الاختلاف إلى الإشراط الاجتماعي والقولبة الفكرية الاجتماعية وإلى فروق البنية الجسمية لدى الجنسين التي قد تؤدي إلى استعداد العضوية للاستجابة لواحدة من الصيغ الاجتماعية دون الأخرى

وأخيرا ينمو وعي الطفل لدوره الجنسي وللقوالب الفكرية الاجتماعية حول الجنس بصورة جدا مبكرة ففي نهاية السنة الثالثة يعرف أغلب الصبيان والبنات المظاهر الرئيسة للقوالب الفكرية القبلية بصدد السلوك الجنسي. ويستطيع أطفال ما دون الثالثة التعرف على صور الثياب والدمى والأدوات وتمييز ما يستخدم وعي الذات واتجاهاتها.

يشدد الصغار وعيهم لذواتهم ويشكلون الكثير من الاتجاهات الجديدة نحوها وذلك نتيجة لضروب النضج العضوي والمعرفي يبدي الصغار على الخصوص وعيا متصاعدا بجسمهم وتبرز لديهم مشاعر السيطرة على الأشياء وتقوى.

- وعي الجسم :

يتحقق للصغار خلال السنتين الأوليين من الحياة وعي أنهم أشخاص متميزون ولهم جسم ترجع ملكيته رجوع ملكية الأذرع والسيقان لهم وذلك لقدرتهم على تحريك ذلك الجسم وتوجيه الحركة الوجهة التي يريدونها يدفع وعي أطفال ما قبل المدرسة بأنهم يمتلكون جسما لأن يتحسسوا التغيرات التي تحل بهم وغالبا ما يقلق الأطفال بين الثالثة والخامسة بحجومهم أو يفخرون بها وينتظرون وبمنتهى اللهفة المناسبات لكي يزينوا أنفسهم أو يقيسوا أطوالهم.

ويعرف أطفال ما قبل المدرسة الفروق العضوية بين الجنسين إذ يعرف ثلثا أبناء الثالثة أنهم إناث أو ذكور وتشيع الألعاب المشبعة بالمضامين الجنسية في السنة الرابعة ويسأل الكثير من أبناء الرابعة والخامسة أهلهم أسئلة حول الجنس.

وعادة يبدي الصغار قلقا واضحا للتلف الذي تتعرض له أجسامهم فالصغار الذين يعرفون برباطة الجأش يخافون أن تحطم لهم ظفر أو سن ويغالون في النتائج السيئة المترتبة على جروح بسيطة لكن البنات أقل قلقا من الصبيان في هذه الناحية.

تشكل ردود فعل الأهل الناجمة عن وعي أبنائهم لأجسامهم اتجاهات الأبناء من أنفسهم فتعمل سعادة الوالد بالتغيرات العضوية لدى ابنه على دفع الولد للشعور بالاعتزاز بذاته وتتأكد الاتجاهات الإيجابية للناشئ نحو ذاته إن عمد الأهل إلى إجابة استفساراته الجنسية بوضوح ملائم لمستواه العقلي والمعرفي في تلك السن. ومن السهل على الأهل أن يدفعوا أبناءهم للإحساس بالبلاهة

والتعاسة إنّ هم أنكروا الاهتمامات الطبيعية المتمثلة في أسئلة الناشئ أو سخروا منها. أمّا معاقبة الولد على أسئلته الجنسية التي تبدو جريئة في عين الراشد فتجر الولد إلى تشكيل اتجاهات سلبية نحو ذاته.

- الإحساس بالإتقان والسيطرة على الأشياء :

يبدأ تكون إحساس الأطفال بالإتقان والسيطرة على الأشياء خلال مرحلة الرضاعة وذلك عبر إحساسهم باللذة المرافقة لشعورهم بالقدرة على توجيه المحيط من حولهم وقد لوحظ أنّ الطفل يبتسم أو حتى يضحك عند نجاحه في تحريك دميته. واللذة المرافقة للإحساس بالقدرة على توجيه الأشياء تدفع الطفل لتكوين المزيد من المهارات الجديدة في الوقت نفسه الذي تعمل فيه على تكوين ذاتية الوليد. إن ثمة الكثير من السبل التي يستطيع الأهل بوساطتها تشكيل محاولات الطفل لإتقان السيطرة على الأشياء وقد أبانت أغلب الدراسات أنّ محاولات الطفل تشتد إن شجعه الأهل على ذلك أو ساعدوه أو مدحوا الاستقلال في سلوكه.

ولا يعاني الأطفال إحساسا دائما مستمرا بالإتقان والسيطرة على الأشياء إلاّ في بداية سنوات ما قبل المدرسة وذلك عندما يمكنهم نضجهم الإدراكي المعرفي من تمييز الفروق بين المهارات القديمة والراهنة وتفيد القدرة على وضع معايير السلوك الصحيح للطفل في معاناة ما يسمى بالتحصيل أو الإنجاز ويعمل الإنجاز بدوره على توليد مشاعر مستمرة من الإتقان والسيطرة إضافة إلى إحساس أعم بالقدرة الذاتية وهكذا نرى بأنّ هذا الجانب من الشخصية يتسارع نموه بين السنتين الثانية والخامسة.

ويمكن النمو الإدراكي الحركي الأطفال خلال تلك السنوات من أداء الكثير من الأفعال التي تزيد من فرصهم في تجارب الإتقان والسيطرة وتساعد اللغة نفسها الطفل على اكتساب فكرة أفضل عن أثره في محيطه كما أنّ الأهل يلعبون دورا هاما في مساعدة أطفال ما قبل المدرسة لتنمية مشاعر قوية للإتقان والسيطرة ولقد بحث هذا الجانب من سلوك الأهل وخاصة في مجالات التحصيل والدافعية والكفاءة في السلوك وتقدير الذات.

يشير مفهوم دافع التحصيل إلى الميل الدائم للفرد نحو النجاح ولقدراته على معاناة اللذة المرتبطة بإحساسه بالنجاح وقد أعطت الدراسات في هذا المجل نتيجتين محددتين وهما كالآتي:

١. يتشكل دافع التحصيل خلال سنوات ما قبل المدرسة بتشجيع قوي من الأهل مصحوب بمطالب معتدلة.
٢. يرتبط دافع التحصيل مباشرة بالتدريب الخاص في فعاليات التحصيل التي يوفرها الأهل للولد خلال فترة ما قبل المدرسة.

عرفت الكفاءة في السلوك أو ما يسمى بالكفاءة الوسيلية في سلسلة من الدراسات بأنها السلوك الاجتماعي المسؤول والمستقل. وجد (بومرنيد) أنّ الأطفال الذين كانوا أكثر اعتمادا على الذات وتوجيها لها وأكثر ميلا للاكتشاف وأكثر اقتناعا بما يفعلونه مع أقرانهم قد تحدروا من أهل على درجة من المسؤولية الاجتماعية وتأكيد الذات ولقد وضع هؤلاء الأهل حدودا معينة لأولادهم وفرضوها في سلوكهم لكنهم كانوا دافئين غير رافضين لأولادهم وراغبين في توضيح الأحكام التي يطلبون إلى أولادهم الخضوع لها في الوقت نفسه الذي كانوا فيه يشجعون صغارهم على تقبل التحدي.

ووجد (بومرنيد) إضافة إلى ذلك أنّ الأطفال الذين كانوا انسحابيين وشكاكين بذواتهم كان أهلوهم شديدي التقيد والوقاية والتوجيه لقد ترك أهل هؤلاء هامشا ضيقا للحوار مع أولادهم وأنكروا عليهم الفرص للمغامرة ولتجربة الجديد واتخاذ القرارات. وكان لفئة ثالثة من الأولاد الذين عدوا أقل اعتمادا على الذات وتوجيها لها وأقل ميلا للاكتشاف من أندادهم أهل تسامحيون دافئون لقد فشل الأهل بتبنيهم أسلوبا فوضويا يفتقر إلى التوجيه والمطالبة بأداء الواجب في إقامة أية معايير محددة يستطيع الأطفال على تقبل أي ضرب من التحدي توازي تلك النتائج في مجال الكفاءة في السلوك ما عرف حول أصول دافع التحصيل أي أنّ الأهل الذين استمروا في دفع أولادهم لإنجاز ما قد يستطيعون إنجازه في الوقت نفسه الذي استمروا فيه يدعمون جهود الأولاد بالمديح والتشجيع يخلقون مستويات رفيعة من الكفاءة في السلوك.

وتقدير الذات هو القيمة التي يسبغها الناس على ذواتهم والمدى الذي يتوقعون النجاح وفقا له فيما يفعلون يعد عمل (كوبر سميث) أدق الدراسات حول العوامل التي تقود إلى تقدير الذات والتي تعد نتائجها متوافقة مع دراسات الدافعية للتحصيل والكفاءة الوسيلية. فقد بين الباحث أنّ الأهل الذين لهم أولاد على درجة من تقدير الذات يميلون لأن يكونوا دافئي التقبل للآخرين ولأن يقيموا حدودا واضحة لسلوك أطفالهم في الوقت نفسه الذين يسمحون فيه ببعض المرونة في إطار تلك الحدود. وكما هو الأمر لدى (بومرنيد) فإن (كوبر سميث) قد وجد أنّ أهل أولئك الأطفال الذين هم على درجة رفيعة من تقدير الذات يميلون لأن يكونوا نشيطين هادفين وواثقين بذواتهم نسبيا.

قد يكون غريبا إلى هذا الحد في نقاشنا حول مشاعر الإتقان ألاّ نقيم تمييزا بين البنات والصبيان. ولكن ثمة نتائج دالة تؤكد قيام فروق جنسية في السلوك المرتبط بالتحصيل فالصبيان أكثر ميلا من البنات للإنجاز بتأثير دافع الدأب والإتقان ودافعية البنات للإنجاز تقوى بسبب الحاجة للاستحسان الاجتماعي. لقد نسبت الفروق المشار إليها إلى بعض القوالب الفكرية بصدد الدور الجنسي في عالمنا المعاصر. فتقاليدنا الاجتماعية تفرض أن يكون الأولاد عدوانيين استقلاليين وتنافسيين وعلى البنات أن يبقين اتكاليات خضوعيات وهامشيات يقال بسبب تلك القوالب الفكرية أنّ البنات معرضات لفرط الوقاية ولا يتشجعن للسيطرة على المهام الصعبة بحيث ينشأن أقل ثقة بذواتهن وأقل نجاحا من أندادهن الصبيان.

خلص (مكوبي وجاكلين) في معارضة مثل تلك المعتقدات وبعد مرجعتها الشاملة للبيانات المتوفرة إلى القول بأنّ الصبيان والبنات لا يختلفون في كفاحهم نحو التحصيل وأنّ الصبيان في مجتمعنا لا يلقون تشجيعا لتخطي البنات في التحصيل والإتقان. ولسوء الحظ لم تقوم الدراسات التي اعتمدها (مكوبي وجاكلين) وفق الأصول الصحيحة للمنهج العلمي فقد اعتمد الباحثون في بعض الدراسات على قياسات فجة واستخدموا في دراسات أخرى أطفال ما قبل المدرسة الأمر الذي لم يسمح بدراسة الفروق الجنسية الحقيقية التي لا تتضح إلاّ في الطفولة المتوسطة أو حتى في المراهقة ويتلخص كل ما يمكن أن يقال اليوم بصدد الفروق الجنسية في الإتقان بالتالي:

١. السلطات التربوية البارزة لتأكيد وجود فروق جنسية في الاتفاق ميل سلطات أخرى لنفي تلك الفروق.

٢. ثمة حاجة إلى المزيد من الدراسات التي تصمم وفق أسس منهجية جيدة لتقصي ـ الفروق الجنسية وتأكيدها أو نفيها.

يمكن أن تكون لصياغة (ايركسن) حول علاقة الوالد مع أولاده أهمية خاصة تستدعي الاهتمام في هذا المجال فقد لاحظ الباحث ما يعانيه الأطفال في علاقتهم بأهلهم يؤثر في تكوين مشاعرهم الأساسية من الثقة أو الشك بعالمهم ويؤكد (ايركسن) بصدد الطفولة المبكرة أنّ نمط التفاعل بين الأهل والأولاد يحدد ما إذا كانت سمة الذاتية أو الخجل أو الشك هي التي ستشكل السمة الأساسية لشخصية الناشئ فإن استطاع الأهل تشجيع أولاد ما قبل المدرسة على الاعتزاز بذواتهم في تحصيلهم نمى الأولاد شكلا من أشكال الذاتية وهو شعورهم بأنهم يستطيعون توجيه ذواتهم ومحيطهم أمّا إذا منع الأهل أولادهم من فعل الأشياء المعقولة كما يرغبون أو إذا هم غالوا في مطالبيهم مال الأولاد لمعاناة الخجل والشك بقابلياتهم وقدرتهم على التأثير بمصيرهم نفسه ثمة تمييز قاطع بين دوري الأم والأب في تنشئة الطفل. فالأمهات يبقين في البيت في غالب الأحيان ويعنين بأطفالهن في حين يغادر الآباء المنزل لكسب الرزق. ولا يتوقع للمرأة أن تكسب الخبز.

لم تكن الأسرة مدقعة والوالد كسيحا أو عاطلا عن العمل. كما لا يتوقع من الوالد أن يغير خروق الطفل أو يطعمه ليلا أو أن يعنى بالحاجات الأساسية للأطفال إلاّ عندما تكون زوجه مريضة أو بعيدة عن البيت. إلاّ أنّ تلك الفروق بدأت تختفي من مجتمعات اليوم إذ بدأت النساء يزحفن إلى العمل بأعداد

متزايدة وذلك لاستغلال مواهبهن ولإرضاء ذواتهن ولكسب المال. وبدأت أكثر الأسر تعد الطفل مسؤولية الزوجين معا. ولكنه على الرغم من ذلك فإنّ الأطفال وخاصة في الأسر التقليدية لا زالوا يبدون تعلقا بأمهاتهم وتبقى الأم أهم شخص للطفل خلال فترة ما قبل المدرسة. فالأطفال يصرفون أغلب وقتهم مع أمهاتهم بحيث يمثل سلوكهن التأثير المحيطي الأهم من سواه إن لم يكن الوحيد في شخصية الطفل ونموه الاجتماعي ويشارك المرأة في تأثيرها بإبنها الزوج وبدرجة محدودة الأخوة والأعمام والأخوال.

- التفاعل مع الأقران

يقيم الأطفال في أثناء مرحلة ما قبل المدرسة أول احتكاكاتهم وأهمها مع أقرانهم. فالآن وقد أحسوا بقوة عضويتهم وبلهفتهم لاكتشاف العالم من حولهم خارج بيتهم وبعدم حاجتهم إلى النصح الدائم فإنهم يدخلون عالم لعب الطفولة الجميل. وفي هذا العالم الجديد يزداد اهتمامهم بأقرانهم وبالراشدين معا. هذا مع العلم أنّ الأولاد في عمر الثانية يصرفون في اللعب الفئوي مع أقرانهم وقتا أطول من نظيره الذي يصرفونه مع الرشد.

وبغية تنميط نمو اللعب الاجتماعي خلال السنة الثانية من الحياة استخدمت (أكرمن) ورفاقها موقف لعب تجريبي فوضعت الأطفال من أعمار (١١شهرا) و(١٧ شهرا) و(٢٣ شهرا) مع أمهاتهم في الملعب إلى جانب طفل آخر من السن نفسها وكان الطفل الآخر مع أمه أيضا. لاحظت المجربة عندئذ ولمدة عشرين دقيقة مدى لعب الطفل بمفرده أو مع الآخر أو مع أمه أو مع أم الطفل الآخر أبانت النتائج ظهور اللعب الاجتماعي في السنة الثانية من العمر

كما أظهرت الاهتمام المتصاعد للأطفال بلعب بعضهم مع بعض وليس مع أمهاتهم. وما أن يصل ابن ما قبل المدرسة السنة الرابعة أو الخامسة من عمره حتى يلتفت كليا إلى أقرانه دون اهتمام بالراشد بحثا عن الانتباه والمديح. ويساعد التفاعل المتزايد مع الأقران على جعل الطفل أكثر وعيا باختلافه عن سواه إذ أنه يرى أطفالا آخرين أكبر منه أو أصغر منه أو أقوى منه أو أحسن منه. ويتعرف أنّ لبعض هؤلاء جلدا أسمر وللآخرين جلدا أصفر أو أبيض. ويكتشف ابن ما قبل المدرسة وبالتدريج أنّ الأطفال يأتون من أسر تختلف عن أسرته. وأنّ لبعض الأولاد أشقاء وأنّ أهل بعضهم صغار السن وأنّ أحدهم فقد أحد والديه وأنّ الأطفال الآخرين يتناولون وجباتهم في أوقات مختلفة عن حاله هو وأنّ لهم دمى مختلفة عن الدمى التي يمتلكها ويتسع هذا الضرب من المساهمة الاجتماعية النامية مع الأقران ويوسع خبرة الطفل فيحاصر أهله بأسئلة لا تنتهي عن سبب اختلاف الحياة في الأسر الأخرى. إضافة إلى ذلك فإنّ أبناء ما قبل المدرسة يدركون الفروق فيما بينهم في القدرة العقلية وفي سمات الشخصية فيتعلمون أنّ بعض الأولاد أكثر تقدما منهم في اللغة أو في المهارة الحركية مثلا ويرون مدى بروز أولئك الذين سيكونون قادة أو أتباعا. ونتيجة لذلك فإنّ بعضهم يغدو أكثر شعبية مع أقرانه من الآخرين. ولقد أشارت الدراسات بوضوح إلى الخصائص المرتبطة بالشعبية فأبناء مدرسة الحضانة وبناتها المحبوبون هم أطفال وديون تعاونيون قادرون على توفير الاهتمام والاستحسان اللذين يتلهف إليهما الصغار.

للعب أهميته الكبرى إذا في نمو الشخصية والاهتمامات الاجتماعية خلال فترة ما قبل المدرسة فالأطفال الذين يحرمون فرص اللعب إنما يضيعون تجربة تعلم اجتماعي حية فيكونون نتيجة لذلك أقل من الآخرين ثقة بذواتهم أو تأكيدا لتلك الذوات سواء في الأسرة أم في العالم الخارجي. لقد أثبت (جفرسون) ورفيقه أنّ ثمة علاقة ذات دلالة بين كمية المساهمة الاجتماعية من جانب صبيان السابعة والنصف وبناتها وبين ظاهرة التفاعل مع الأقران ويستطيع أبناء ما قبل المدرسة إضافة لتلك المساهمة الاجتماعية العامة الاستفادة من التفاعل القوي مع الأقران بعيدا عن المنزل وعن نصح الأهل ففي حين أنّ الغياب عن البيت لفترة قصيرة لمقابلة زملاء جدد واللعب معهم إنما يكون أعدادا جيدا لسنوات المدرسة المقبلة فإنّ دخول الولد الذي لم يسبق له أن غادر جانب والده إلى المدرسة الابتدائية قد يكون مصدرا ضخما للقلق.

- العدوانية:

يتسم سلوك الناس جميعا بضرب من العدوانية في وقت ما ويبدو أنّ العدوانية قدر أو شرط للنمو السوي في السلوك البشري وقد حاولت النظريات المختلفة إيضاح أصل العدوان بعده سمة موروثة تنمو استجابة لتجارب الإحباط في الطفولة أو بعده سلوكا يكتسب عبر التعزيز الوالدي أو الاجتماعي وعلى الرغم من ضخامة حجم ما كتب بصدد العدوانية فإننا لا زلنا نجهل كيف ينقلب الأطفال عدوانيين أو لماذا يتحولون إلى العدوانية وكل ما نعرفه الآن هو أنّ العدوانية تتباين مع العمر وأنها تنشأ من ملاحظة النماذج العدوانية أي بالتقليد والتقمص ولا بد قبل وصف الفروق السنية في العدوانية من التمييز بين

العدوان الكرهي الذي يصوب للآخر وتصحبه مشاعر الغضب وبين العدوان الوسيلي الذي يتفجر عند صنع شيء أو بلوغه وهو غير شخصي على الرغم من احتمال تعرض الآخرين لآثاره.

أمّا بالنسبة للفروق السنية فقد دلت دراستان تفصلهما أربعون سنة على قيام فروق واضحة في عدوانية الأطفال من ذوي الأعمار المختلفة. فقد فحص (داوز **Dawes**) في عام ١٩٣٤ شجار أطفال الحضانة الذين تتراوح أعمارهم بين ١٨ شهرا و٦٥ شهرا وفي سنة ١٩٧٤ درس (هارتوب **Hartup**) التفاعل داخل عدد من فئات أطفال ما قبل المدرسة الذين تتراوح أعمارهم بين أربع سنوات وسبع سنوات وفئات أطفال المدرسة الابتدائية من أعمار تتراوح بين ست سنوات وسبع سنوات وذلك خلال فترة عشرة أسابيع.

شكل (١٦)

العدوانية عند الاطفال

٭ وقد أظهرت كل من دراستي (داوز وهارتوب) التالي:

١. على الرغم من أنّ عدوانية طفل ما قبل المدرسة وسيلية فإنّ العدوان الوسيلي يخف بصورة تدريجية بدءا من السنة الثانية وحتى الخامسة.

٢. يترافق اضمحلال العدوان الوسيلي بتصاعد العدوان الكرهي.

٣. يستمر كلا الاتجاهين حتى الطفولة المتوسطة وذلك إضافة إلى انخفاض العدوان لدى أبناء السادسة عما هو عليه لدى أبناء ما قبل المدرسة الذين يبدون مقدارا كبيرا من العدوان.

ترجع تغيرات السلوك العدواني إلى ظاهرة التأهيل الاجتماعي. إذ يؤدي اكتساب الأطفال للتحريمات الاجتماعية ضد العدوانية إلى تعلمهم لجم نزواتهم العدوانية. من جهة ثانية تشتد العدوانية بفعل التعلم خاصة عندما يتقمص الصغير الكبير أو يقلده. وقد قسم (باندورا) الأولاد إلى فئتين: فئة الراشد الوديع وفئة الراشد العدواني الذي طلب منه أن يضرب دميته ويركلها أمام الصغار خلافا للوديع الذي طلب منه ألاّ يبالي بدميته أمام فئة من الصغار، تبين بعد فترة من الزمن أنّ فئة الراشد العدواني من الصغار أبدت من العدوانية إضعاف ما أبدته فئة الراشد الوديع تجاه الدمية وأي شيء آخر.

ولقد تأكدت نتائج (باندورا) بعرضه فيلما عدواني النزعة وآخر مسالمها على فئتين من أبناء الحضانة، إنّ للنتائج الأخيرة تطبيقا واضحا بصدد المادة الروائية ومضمونها ومسؤولية تلك المادة في التخفيف من عدوانية الناس عموما والناشئة خصوصا.

- المفاهيم الأساسية :

توحي ملاحظات (بياجيه) بأنّ الطفل الصغير يعجز عن أن يميز بين العالم ونفسه فليس ثمة من وجهة نظر الرضيع فرق بين اختفاء وجه الأم حين تقوم بإبعاد رأسها وبين الاختفاء الناجم عن تحريك الرضيع لرأسه هو المألوف أن يتوقف الطفل خلال الشهرين الأولين من الحياة عن التطلع إلى شيء يبتعد عن عينيه فينظر إلى شيء آخر لقد لاحظ (وولف) بأنه عندما ينظر الطفل إلى وجه الراشد فإنه يصرخ عند اختفاء الوجه دون أن يتطلع لرؤيته ولا ولن يعود، يمتلك الطفل خلال تلك الفترة الأولى من المرحلة الحسية الحركية فكرة فجة عن السببية والمكان والزمان وليست السببية أكثر من وعي لتلاحق التغير في حالة قائمة ويقتصر- المكان على وعي الجسم والمحيط المباشر، يبدو أنّ الطفل يمتلك خلال مرحلة الفعل الدائري الأولي توقعات خاملة إذ يحاول بعد نهاية الشهر الثاني أن يحدق في المكان الذي اختفى فيه شيء كما لو أنه كان ينتظر رجوعه، فهو لا ينشط للبحث عن الشيء وليس هناك دليل بأنه يفهم بأن الشيء يقوم بمعزل عن الفعل القائم فإن كان الرضيع يمص لهاية وسقطت على الأرض فإنه يستمر في المص كما لو أنه كان ينتظر رجوعها دون أن يسمى للبحث عنها، ويوسع التوقع الخامل إحساس الطفل بالسببية إلى حدٍ ما بحيث أنه يبدأ بعزل الشيء عن الفعل وبالمثل فإنّ الطفل يبدأ يفهم المكان بصورة أفضل من فهمه له من قبل إذ أنه يميز تخطيطات يختلف بعضها عن بعض في إطار جسمه ويتبلور مفهوم الزمان أيضا بحيث أنّ الطفل يتوقع أن يحدث أمرا ما ثانية، إننا نستطيع أن نستنتج مفاهيم الطفل بصدد المكان والزمان من أفعاله فقط.

يبدأ الطفل خلال الأشهر الأربعة التالية أي في مرحلة الفعل الدائري الثانوي بإسقاط شيء ما والبحث عنه في مكان سقوطه المتوقع ويحدث هذا عادة عندما يعمد الطفل نفسه إلى إسقاط الشيء أو قذفه ويبحث الطفل في هذا الوقت أيضا عن الأشياء المخبأة فإن أخفيت لعبة خلف غطاء سحب الطفل الغطاء من فوق اللعبة أو اللعبة من تحت الغطاء أمّا إن كانت اللعبة مغطاة تماما فإنّ الطفل لا يبحث عنها، يستطيع الطفل في هذه المرحلة أن يقيم تمييزا دقيقا بين الشيء وبين الفعل وأن يفهم أنّ هناك ترابطا بين فعله وبين الشيء المتأثر من هذا الفعل وتغدو العلاقات المكانية هي الأخرى أكثر وضوحا وتحديدا فعندما يصل الطفل إلى شيء مغطى جزئيا يبدأ بادراك مفهومي (فوق وتحت) كما تسهم مراقبة جسم يسقط في تكوين فكرة (المفهومين المذكورين) ويبدأ الطفل يفهم الفواصل الزمنية عندما يقذف شيئا ويتوقع سماع صوته أو يعاين النتائج المباشرة للسقوط. يبحث الطفل من الشهر الثامن إلى الثاني عشر عن الأشياء التي أخفيت كليا من أمام ناظريه، فعندما أخفى (بياجيه) قطعة من الحلوى في يديه حاول ابنه حل قبضته والتقاط الحلوى لكن عندما أخفى الباحث يديه بقبعته وترك الحلوى هناك عجز الطفل عن إيجادها واستمر يبحث عنها في يدي والده بسبب عجزه عن أن يتعامل مع التوضع المزدوج وعلى الرغم من أنّ الطفل قد بدأ يفهم أنّ الأشياء يمكن أن توجد دون أن ترى فإنّ تجربته كانت من المحدودية المكانية بحيث يعجز عن أن يفهم كيف يمكن للحلوى أن تكون خارج مرمى البصر في أي مكان.

تتحسن مفاهيم الطفل عن المكان والزمان والسببية معا وبصورة متكاملة خـلال هـذه الفترة، ويدفع الفعل الموجه الطفل عـن الأشـياء المرغوبة ولفهـم العلاقـات أثنـاء اسـتخدامه للوسائط لتحقيق غاياته النهائية، كما يزداد تميز مفهوم المكان مـع تزايـد قـدرة الطفـل عـلى التعرف على مختلف الأمكنة والمساحات وتتميز الأمكنة طبقا لما يمكن أن يصنع فيها أو لما يرجع إليها، ويزداد مفهوم الزمان وضوحا لازدياد تفريق الطفل بـين الفواصـل الزمنيـة اللازمـة لمختلف الأفعال والحوادث.

يبدأ الطفل في منتصف السنة الثانية يبحث عن الأشياء التـي خبئت أو أزيحت مثل قطعة الحلوى في اليد وقد وضعت تحت القبعـة وتشـير الواقعـة الأخيرة إلى نهايـة المرحلـة الحسية الحركية فالطفـل الآن يفهـم أنّ للأشـياء دوامها الـذي يتخطـى تجربتـه المبـاشرة وأنّ الأشياء لا ترتبط بأمكنة معينة ويكون مفهوما للفرد عن ذاته وعن العالم منعزلين ومستقلين، يستطيع الطفل الآن أيضا أن يتعرف عـلى التلاحـق السـببي بمعـزل عـن تلـك التلاحقـات التـي تستغرقه والمكان هو الآخر يزداد انعزالا عن الفعل ويـرى الطفـل الأشـياء بما في ذلـك نفسـه كائنات في أمكنة متباينة وأنه نفسه معزول عنها يبدي مفهوم الزمان أيضا الاستقلال النفسي- نفسه إذ يمكن للتلاحقات الزمنية أن تحدث بمعزل عن أفعال الطفل ذاتها وهكذا يبدأ الطفل في إدراك أنّ الزمان يتصف بالموضوعية وبأنه لا شخصي- وبإيجاز يبـدأ الطفل بمعانـاة ذاتـه كمركز للكون يقاس كل شيء في إطاره وفي إطار فعلـه الخـاص وفي نهايـة السـنة الثانيـة يـرى الطفل نفسه مجرد جزء

لهذا الكون الذي له أشياؤه المستقلة ومكانه وزمانه وسـببيته، إنّ الطفل جـاهز الآن لتوسيع توقعاته عن الأشخاص الآخرين بصورة فردية متمايزة كليا.

- مفهوم الذات:

لتقويم مفهوم المرء عن ذاته يستخدم الباحثون غالبا قوائم من الصـفات أو العبـارات الوصفية تشمل أوصافا إيجابية وسلبية ويسأل الطفل أن يقـرأ القائمـة أو تقـرأ عليـه القائمـة بصوت مسموع وعليه أن يشير ما إذا كان الوصف ينطبق عليه أو لا ينطبق تقترح نتائج تلـك الدراسات أنّ مفهوم الطفل عن ذاته يتوقف إلى حدٍ كبير على استحسان الآخرين له، فللأطفال المقصرين في التحصيل الدراسي والذين لا يحترمهم أهلهم تقييم متدنٍ لذواتهم خلافا للأطفـال الذين يماشون معيار التحصيل العام فيتمتعون باحترام الأهل لهم وبتقييم معقول لذواتهم.

الواقع أنّ للطفل عددا من المفاهيم بصدد ذاته وذلك تبعا لمواهبه واهتماماتـه فهنـاك إضافة لتصور الجسم تصور عن الفرد كتلميذ وآخر كرياضي وثالث كصديق ورابع كشـخص مـا بمهارة ما وهكذا دواليك فقد يكون للطفل مفهوم إيجابي عن ذاتـه كموسيقي ومفهـوم آخـر سلبي عن ذاته كلاعب شطرنج مثلا ومن عانى ضعفا في مفهومه عـن ذاتـه في جانـب عمـد إلى تصحيح مفهومه عن ذاته في جانب آخر والطفل الذي يشعر بعجـزه في جوانب الحيـاة كلهـا أو في أكثرها يعاني مشكلة انفعالية تتطلب علاجا نفسيا فوريا.

- النمو الخلقي :

وصف (بياجه) النمو الخلقي عند الطفل ومراحله في كتابه (الحكم الخلقي للطفل) وقد حكى (بياجه) قصتين عن الأطفال تصف كلتاهما طفلا يرتكب فعلا يجر عليه العقاب ارتكب الطفل الخطأ بعفوية في إحدى القصتين وتعمد الخطأ في الثانية وسئل المبحوثون الصغار بعد سماع القصتين أي الطفلين أكثر إجراما من الآخر ؟ وكان القرار صعبا لأن التهديم الناجم عن الخطأ العفوي كان أشد من التهديم الناجم عن الخطأ المتعمد إليك قصتي (بياجه):

جلس طفل صغير يسمى غسان في غرفته ثم دعي للغذاء فذهب إلى غرفة الطعام لم يعرف غسان بوجود صينية خلف الباب تحمل خمسة عشر كوبا فصدمها فتحطمت الأكواب الخمسة عشر.

كان هناك طفل اسمه هشام رغب يوما وبينما كانت أمه خارج البيت تناول المربيات من الخزانة صعد الطفل كرسيه ومد ذراعيه وكان وعاء المربى بعيدا عن متناوله فسقط الوعاء بسبب محاولة سحبه وتحطم.

سأل (بياجه) الأطفال تكرار القصتين بعد قراءتهما وذلك للتأكد من فهمهم لهما ثم أضاف سائلا هل يتساوى الطفلان في اللوم ؟ وإذا لم يكن الأمر كذلك فأيهما يلام أكثر من الآخر غسان أم هشام ؟.

لام الصغار بين العمرين ٦ سنوات و٧ سنوات الطفل الذي أحدث الضرر الكبير ودعوا إلى معاقبته بشدة أكثر من الآخر إلاّ أنّ أغلب أبناء الثامنة والتاسعة لاموا الطفل الذي تعمد الخطأ فقالوا بأن على الطفل الذي فعل شيئا لا يحق له عمله أن يعاقب أكثر من الآخر الذي ارتكب خطأ عن غير ما عمد،

خلص (بياجه) إلى القول بأنّ للصغار مفهوما بدائيا عن السلوك الخلقي بحيث أنهم يجعلون العقوبة موازية للأثر السيئ وذلك خلافا للأطفال الكبار الذين يتصف مفهومهم الخلقي بضرب من الموازنة العقلانية فيحكمون على الجرم في إطار تعمده وتلقائيته وعند دراسة مفهوم العدالة عند الأطفال لاحظ (بياجه) أنّ الصغار يميلون إلى الاعتقاد بأنّ الشخص الذي يحل به الأذى خلال مساهمته بعمل محرم إنما يعاقب فعلا وبصورة تلقائية أمّا الأطفال الكبار فكانوا يعون أنّ من الممكن للمشارك في فعل محرم أن يتهرب من العقاب وقد كررت دراسة تلك المفاهيم فتأكدت نتائج (بياجه) إلاّ أنّ (كولبرغ) قد ضخم عمل (بياجه) في مجال النمو الخلقي وميزه مؤكدا بأن النمو الخلقي يتم خلال ست مراحل تؤلف ثلاثة مستويات من النمو الخلقي هي :

١. المستوى قبل الخلقي :

حيث يتحدد السلوك بعوامل خارجية وله مرحلتان:

تتسم الأولى بالتوجه نحو الثواب والقصاص والإحساس بالقوة السامية والثانية بتوجه بدائي وسيلي يتبع اللذة وتحدد الأفعال في هذه المرحلة كأنها صواب لترضي الذات والآخرين.

٢. الخلقية التقليدية:

وتتأكد بصنع الأفعال الحسنة والمحافظة على النظام الاجتماعي التقليدي ومرحلتاها هما المحافظة على العلاقات الطيبة وإرضاء الآخرين ومساعدتهم واحترام السلطة والقانون والواجب والمحافظة على الوضع القائم الذي تعد له قيمة أولية.

٣. خلقية المبادئ التي تتقبلها الذات :

وتتحدد بالخضوع للمعايير العامة والحقوق والواجبات ولها مرحلتان أيضا تتجلى أولاهما بأخلاقية العقد والحقوق الفردية والقانون الديموغرافي وتعرف ثانيتهما بمرحلة أخلاقية الضمير والمبادئ الفردية في نفس الذي يتوجه الطفل فيها بالقواعد والمعايير القائمة بوجدانه الأخلاقي.

لقد استخدم (كولبرغ) لاختبار تلك المراحل قصصا تشبه إلى حد ما قصص (بياجه) إلاّ أنه كان من الصعب تنقيط تلك القصص بسبب التمييز الدقيق بين مختلف مراحل النمو الخلقي وبالتالي كان ثمة صعوبة كبيرة في التحقق من صدق ملاحظات (كولبرغ) غير أنّ أحد الباحثين قد أعد سلما يمكن من تنقيط المراحل المذكورة كلها وأكدت المعلومات الأولية صدق السلم المذكور والنتيجة الأساسية التي يستخلصها (كولبرغ) هي أنّ أطفال مرحلة العمليات الإجرائية المشخصة نادرا ما يتخطون المرحلة الخلقية الرابعة.

لا بد من الإشارة إلى أنّ (بياجه وكولبرغ) أهملا جانبا هاما من النمو الخلقي يتعلق بالإساءة الشخصية إلاّ أنهما درسا جانبا هاما من النمو الخلقي شغل مكانا بارزا في الفلسفات الأخلاقية المختلفة وهو مسألة (إلحاق الأذى بالآخرين وممتلكاتهم) وفي تلك الدراسة سئل الأطفال عن إمكانية عقوبة الطفل الذي يسبب قدرا من تهديم الممتلكات ويلحق الأذى بالأشخاص سواء عمدا أو عفوا قورنت أنماط أذى الآخرين بأنماط تهديم الملكية فأبانت النتائج أنه عندما ثبت (التعمد) فإنّ الأطفال كلهم أقروا بأنّ تهديم الملكية أكثر خطورة من إلحاق الأذى بالآخرين فقد قال صغار الأطفال من ست سنوات بأنها (تؤذي أكثر) إلاّ أنّ أبناء الثماني سنوات قلوا بأنها (تكلف أكثر) وذلك خلافا لأبناء العاشرة الذين أكدوا بأنّ الآخر أكثر قيمة من الأشياء كلها وعندما نوع نمط التهديم وثبت عدم التعمد فإن أذى الآخرين بدا أكبر من تهديم الملكية.

لقـد اسـتطاع حتـى أبنـاء السـادسـة الاسـتجابة لتعمـد الأذى عنـدما كـان الأذى ينـزل بالإنسان وهذا بعد جديد من النمو الخلقي يجب درسه بصورة أكثر تفصيلا.

الفصل الخامس
التطور والتطور الحركي

- التطور والتطور الحركي

- مفهوم التطور والتطور الحركي

- مراحل التطور الحركي

- النمو الحركي

- التطور الحركي للطفل في مرحلة ما قبل المدرسة

الفصل الخامس

التطور والتطور الحركي

- مفهوم التطور والتطور الحركي

من الظواهر المعروفة والمألوفة في الحياة الإنسانية أنّ الفرد يأتي إلى هذا العالم عـاجزا ضعيفا، لا يمتلك من القدرات وأنماط السلوك إلاّ القليل.

وإذا القينا نظرة فاحصة إلى هذا الكائن منذ أن كان نطفة في قرار مكين إلى أن يصبح إنسانا سوي تصاحبه كثير من التغيرات في كل جوانب حياته فبعد إن كان لا يستطيع أن ينطق بكلمة واحدة يبدأ بنطق أولى الكلمات التي تعلمها، وبعد أن كانت حركاتـه عشوائية وغـير منتظمة يصبح أكثر قدرة على القيام بحركاته بمزيد من الدقة والضبط فيقوم بالزحف، والمشي، والركض، والقفز، إنّ هذه التغيرات تستمر طوال فترة حياة الإنسان وتبقى في تغير مستمر ما دام الإنسـان عـلى قيـد الحيـاة، وهـذه التغـيرات يطلـق عليهـا مصطلح التطور (Development) والذي يدل على التغيرات التكوينية التي تحدث في بناء الجسم وأعضائه وأجهزته وكذلك التغيرات في وظائفها وعلاقـة تلـك التغـيرات بالعوامـل الخارجيـة، ويعني مجموعة من التغيرات المترابطة لشخصية الإنسـان في جوانبهـا المختلفـة وعـبر حياتـه الكاملـة ويكون حدود هذه التغيرات بشكل متواصل ومستمر في المظهـر الجسمي والـوظيفي عنـد الإنسان.

ومن الظواهر الواضحة في التطور الإنساني هو التطور الحركي والذي يشكل بالنسبة للطفل حلقة هامة ومتممة لتطور عدد كبير من أنماط سلوكه والمتمثلة في التغيرات التي تطرأ على قوة الفرد وشدة عضلاته وقدرته على تحريك أعضاء جسمه وانتقاله من مكان إلى آخر ويعرف التطور الحركي بأنه اكتساب قدرات ومهارات إرادية كالقبض والمشي. والقفز والاتزان تسير في تطورها وفق نسق يكاد يكون عالميا. كما عرف بأنه التغيرات في السلوك الحركي خلال حياة الإنسان، والعمليات المسؤولة عن هذه التغيرات.

شكل (١٧)

مراحل النمو الحركي للطفل الرضيع

- مراحل التطور الحركي:

أكد العديد من العلماء والباحثين بأنّ هناك مراحل متميزة في هـذه الحيـاة تمتـاز كـل منها بمجموعة من الخصائص التي تختلف في مجموعها عـن الخصائص التي تميز المراحل الأخرى، إذ أدرك الإنسان منذ القدم وجود هذه المراحل في حياتـه وحـاول أن يصـفها ويحـدد الخصائص والصفات التي تميز كلا منها، وبالرغم من اعـتراف العلـماء بـأنّ التطور هـو عمليـة مستمرة إلاّ أنهم لاحظوا أنّ هذا التطور يأخذ في كل جانب من جوانبه المختلفة مجموعة مـن الخصائص والصفات تختلف من مرحلة إلى أخرى، ولذا رأوا أن يقسموا دورة العمر إلى مراحل تطورية وذلك لغرض دراستها وملاحظتها وسهولة التحليل والوصف.

ولقد حظيت فكرة مراحل العمر في مجال التطور الحركي باهتمام العديد مـن العلـماء حيث قسموا التطور الحركي للإنسان منذ الولادة وحتى سـن الشـيخوخة إلى مراحـل متعـددة، وليس هنالـك تقسيم واحد لمراحـل التطور الحركـي ولكـن في الواقع أنّ هنالـك كثـيرا مـن التقسيمات التي تختلف باختلاف العلماء لذلك انقسمت دراسة مراحل التطور إلى اتجاهـات عديـدة منها:

الاتجاه الأول يمثله (ماينل) عن المدرسة الشرقية سابقا إذ قسم هـذا التطـور حسـب المراحل العمرية إذ قسم المراحل إلى:

١. مرحلة الرضاعة (١-١٢ شهر).

٢. مرحلة الطفولة (٢-٣ سنة).

٣. مرحلة ما قبل المدرسة (٣-٧ سنوات).

٤. مرحلة المدرسة الابتدائية (٧-١٠ سنوات).

٥. مرحلة المدرسة الابتدائية المتأخرة (١٠-١٢ سنة) بنات و(١٠-١٣سنة) بنين.

٦. مرحلة المراهقة وتشمل:

أ- المراهقة الأولى (١١-١٤ سنة) بنات و (١٢-١٥ سنة) بنين.

ب- المراهقة الثانية (١٣-١٨ سنة) بنات و (١٤- ١٩ سنة) بنين.

٧. مرحلة الرجولة وتشمل مراحل فرعية هي:

أ- الرجولة المبكرة (من ١٨/٢٠-٣٠ سنة).

ب- الرجولة المتوسطة (من ٣٠/٤٥-٥٠ سنة).

ج- الرجولة المتأخرة (من ٤٥/٥٠-٦٠/٧٠ سنة).

د- مرحلة الكهولة (٦٠-٧٠ سنة فما فوق).

أمّا الاتجاه الثاني فمثله وجيه محجوب الذي دمج بين المراحل ووضع دراسة خاصة بالعراق وهي أقرب إلى دراسة (ماينل) إذ قسمها إلى سبعة مراحل أساسية هي:

١. المرحلة الأولى وهي مرحلة الولادة وتمثل السنة الأولى.

٢. المرحلة الثانية وهي مرحلة الحضانة من سنة إلى ثلاث سنوات.

٣. المرحلة الثالثة قبل المدرسة من (٣) سنوات إلى دخول المدرسة (٧) سنوات.

٤. المرحلة الرابعة الابتدائية وتشمل:

أ- المدرسة الابتدائية الأولى (الأول، الثاني، الثالث الابتدائي).

ب- المدرسة الابتدائية الثانية (الرابع، الخامس، السادس الابتدائي).

٥. المرحلة الخامسة المراهقة وتشمل:

أ- المراهقة الأولى (الأول، الثاني، الثالث المتوسط).

ب- المراهقة الثانية (الرابع، الخامس، السادس الإعدادي).

٦. المرحلة السادسة الرجولة وتشمل:

أ- الرجولة الأولى (الشباب).

ب- الرجولة الثانية (المتوسطة).

ج- الرجولة الثالثة المتأخرة.

٧. المرحلة السابعة (الكهولة).

أمّا الاتجاه الثالث فيمثل المدرسة الغربية المتمثلة في (جاليهيو ١٩٨٢ عن فريدة عثمان ١٩٨٤) والذي يلخص مراحل النمو الحركي للإنسان إلى أربع مراحل متداخلة ومتتالية والشكل (٢) يوضح ذلك وهذه المراحل هي:

١. مرحلة الحركات المنعكسة (Reflexive Movement Phase).

٢. مرحلة الحركات الأولية (Rudimentary Movement Phase).

٣. مرحلة الحركات الأساسية (Fundamental Movement Phase).

٤. مرحلة الحركات المتعلقة بالرياضات والألعاب (Sport- related Movement Phase).

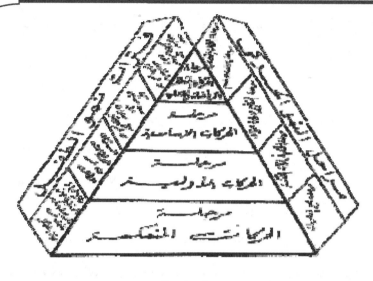

شكل (١٨)

مراحل التطور الحركي

- النمو الحركي:

البسلوك: **يبدأ النشاط أثناء الحمل، ويزداد قوة مع اضطراب نمو الجنين. وبعد الولادة تظهر حركات الوليد بوضوح، وتتسم بعدم التحكم وعدم التحديد، حيث يكون نشاطه عشوائيا، ويرجع السبب في ذلك إلى عدم اكتمال النضج الفسيولوجي للجهاز العصبي، وينقسم نشاطه إلي قسمين:**

أ- النشاط العام: ويشمل الحركات العامة للجسم كله، فعندما تقع استثارة عل أي جزء من أجزاء الجسم؛ يستجيب الوليد بحركة الجسم كله، وإذا كان المثير شديدا؛ استجاب بالصراخ. وبسبب هذا النشاط العام يبذل الوليد ثلاثة أمثال ما يبذله الشخص الراشد من طاقة، ولذلك يُجهد الوليد ويتعب بسرعة.

ب- النشاط الخاص: ويشمل أجزاء محددة مـن الجسـم، ومـن هـذه الأنشـطة الأفعـال المنعكسة. وهناك فروق فردية بين الأطفال حديثي الـولادة، فـالبعض يكـون نشـطا، والبعض الآخر يكون هادئا، ومنهم من يكون وسطا.

الأفعال المنعكسة: الأفعال المنعكسة هي التي لا يمكن الـتحكم فيهـا، وهي تهـدف إلى المحافظـة على حياة الوليد. ومن الأفعال المنعكسة؛ الحركة غير الإرادية للعين، والشرقة لطرد الطعام مـن القصبة الهوائية، وانعكاسات الألم التي تجعله ينسحب بعيدا عن مصدره، وانعكاسات الثني في الأطراف والركبـة، والعطـس. وغيرهـا   إلى جانـب الأفعـال المنعكسـة تظهر اسـتجابات عامـة تستخدم مجموعة من العضلات أكبر مما يستخدم في الأفعال المنعكسـة، مثـل: تثبيـت البصرـ على الضوء، والحركة التلقائية للعين، وإفراز الدموع، واستجابات المص والبلـع، وحركـة اللسـان والشفتين، ومص الأصابع والحركات الإيقاعية للفم، وتقطيب الحاجبين، وإدارة الرأس، والجذع، وحركات الرفس. وهي جميعها غير تآزرية (أي غير متوافقة) وغير هادفة.

ويجب على الأم أن تعمل على عـدم تعـرض الوليد للمثيـرات القويـة، مثـل الضـوء أو الصوت القوي، حتى لا تكون سببا في فزعه. وكذلك المثيرات المفاجئة مثل تغيير وضع الوليد فجأة، أو تقييد حركاته التلقائية، أو وضعه في فراش مبلـل، أو وضع شيء بـارد جـدا على جسـمه حواس الوليـد.

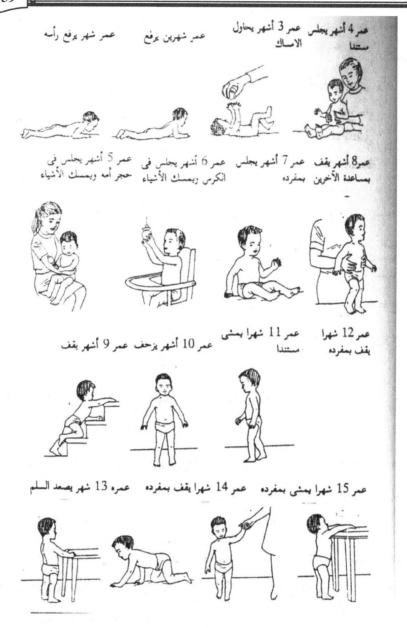

شكل (١٩)

النمو الحركي للطفل خلال مرحلة الرضاعة

السمع: **يكون السمع عند الوليد في أدنى درجاته إذا ما قارناه بالحواس الأخرى، فمعظم الأطفال يكونون في حالة صم كلي تقريبا عند الميلاد، ولعدة أيام بسبب انسداد الأذن الوسطي بالسائل الأميني، ولذلك فإنه لا يسمع حتى الأصوات العالية القريبة من أذنه، وتظهر علامات الاستجابة للصوت بدءا من اليوم السابع بعد الولادة. وهناك أصوات ذات معنى كبير جدا للوليد، منها صوت نبضات قلب الأم الذي وُجد أنّ لها تأثيرا مهدئا على الطفل، إذ تقلل من توتره، كما أنّ الأصوات المنتظمة الهادئة تسبب له ارتياحا.**

البصر: **شبكية العين التي تحتوي على خلايا الحس البصري لا يكتمل نموها عند الميلاد. وهذا يعني أنّ الوليد يوجد لديه عند الميلاد عمى ألوان جزئي أو كلي. ويستطيع الطفل حديث الولادة أن يستجيب بعدم الارتياح للضوء خلال الأسبوع الأول من ولادته. ومع ذلك يستطيع الوليد أن يركز بصره على مصدر الضوء، وقد يغلق عينه أمام الضوء الشديد، ولا يستطيع أن يركز على المرئيات المتحركة بعينيه معا، فالتآزر العضلي بين العينين لا يكون قد اكتمل بعد الميلاد.**

الشم: **إحساس الشم يكون كاملا عند الولادة، وفي الأيام الأولى يتمكن الوليد من التمييز بين رائحة ثدي أمه ورائحة ثدي أية سيدة أخرى.**

حساسية الجلد: **يمكن للوليد الإحساس باللمس، والضغط، والألم، والحرارة والبرودة، ويكون هذا الإحساس موجودا عند - أو بعد - ولادته بقليل، إذ إنّ هذه الأحاسيس بدأت عملها قبل الميلاد بفترة. ويلاحظ أنّ نشاط الوليد يزداد في الجو البارد، ويقل في الجو الحار.**

الإحساس بالجوع والعطش: **إيقاع الجوع عند الوليد يكون غير منتظم، ليس بالنسبة للزمن فقط، ولكن أيضا للكمية. ويحتاج الوليد إلى عدة أسابيع حتى ينتظم إيقاع الجوع، ومواعيد وجبات الرضاعة، ويعتبر الإحساس بالجوع**

أحد أسباب بكاء الطفل، حيث تستطيع الأم أن تتعرف من صوت البكاء على حاجة الطفل إلى الغذاء.

التذوق: حاسة التذوق تكون على درجة عالية من النمو عند الميلاد مباشرة. وتستوي حاسة الشم مع هذه الحاسة؛ ولذلك يستطيع الوليد أن يتعرف على أمه عن طريق هاتين الحاستين.

وعلى الأم ألا تقلق وليدها بالتغيير المفاجئ في وضعه أو بتعريضه للضوء المبهر الشديد، وعليها أن ترضعه في فترات متقاربة، ولا تلتزم بمواعيد معينة للرضاعة، لأنّ إيقاع الجوع وكميات الحليب التي يرضعها تكون أيضا متفاوتة، وعليها أن تغير ملابسه في فترات متقاربة، وأن تحميه من بلل الفراش، ومن الضغط، وتقلب درجات الحرارة، وكذلك عليها أن تعمل على مساعدته على النوم والاسترخاء، ويمكنها أن تشدو لوليدها؛ حتى يغمض عينيه وينام.

ويمكن للأم -كذلك- أن تتحدث للطفل، وتغني له، وتناغيه خلال العناية به وأثناء فترات الرضاعة.

* النمو اللغوي عند الوليد:

صيحة الميلاد: تعتبر صيحة الميلاد البداية الحقيقية لعملية التنفس، وتنتج عن اندفاع الهواء بقوة عبر الحنجرة في طريقه إلى الرئتين، فتهتز الأحبال الصوتية للمرة الأولى، ولهذه الصرخة وظيفة فسيولوجية تتمثل في توسيع الرئتين بحيث تسمحان بالتنفس، وتزويد الدم بكمية الأوكسجين.

الصراخ: بعد الميلاد بقليل تتنوع صرخات الوليد في الشدة والحدة والاستمرار، وتصبح لها معانٍ مرتبطة بالأحوال الفسيولوجية للوليد، مثل: الجوع، والألم، وعدم الراحة، والتعب. ويصاحب صراخ الوليد حركات جسمية مختلفة، وكلما

زاد الصراخ حدة، زادت معه الحركات الجسمية، وهذه الحركات تعني أنّ الوليد يريد جذب الانتباه إليه، أي أنها نوع من الاتصال غير اللفظي. ويصرخ الطفل نحو ساعتين في اليوم، ولكل صرخة مدلولها، فالصرخة المتقطعة تدل على الضيق، والصرخة الحادة تدل على الألم، والصرخة الطويلة تدل على الغيظ والغضب, ويكثر صراخ الوليد مع التبلل والقيء والانفعال، ويقل كلما كانت صحته جيدة.

الأصوات العشوائية: يصدر الوليد أصواتا عشوائية مبهمة، غير منتظمة، وتكون متكررة، وبدون سبب، أي أنّ هذه الأصوات العشوائية هي التي تتعدل فيما بعد، وتتشكل، وتعتبر المادة الخام للحروف والكلمات. وأحيانا يُصدر الوليد أصواتا انفجارية تشبه التنفس العميق دون أن يكون لها معنى، وإنما تحدث بالصدفة، ثم تقوي هذه الأصوات، وتتحول إلى ما يسمى المناغاة في المرحلة التالية، وهي تعتبر أساس الكلام.

وعلى الأم أن تسهم في النمو اللغوي لوليدها من خلال مناغاته والتحدث معه، فالوليد وإن كان لا يفهم معنى الكلمات إلاّ أنّها تسهل له عملية النطق بعد ذلك.

* النمو الانفعالي عند الوليد:

البكاء: يعتبر البكاء أمرا عاديا في هذه المرحلة، حيث يبكي الطفل ويصرخ؛ استجابة لبعض المثيرات، مثل الحركة المفاجئة أو تغيير الوضع المفاجئ للطفل، أو تعريضه للمثيرات الباردة جدا، أو الضغط الشديد على الجسم أو بسبب بلل الفراش.

شكل (٢٠)

الحركات واللعب للطفل

- التطور الحركي للطفل في مرحلة ما قبل المدرسة:

تعد مرحلة ما قبل سن المدرسة مرحلة حيوية ومهمة جدا للتطور الحركي عند الأطفال، فبعد إن تنتهي سنين مرحلة الطفولة بنهاية السنة الثالثة من عمر الطفل تفسح المجال لمرحلة أعلى هي مرحلة ما قبل المدرسة والتي تمتد من (٣-٦ سنوات) إذ تمثل ازدياد مهارة الطفل في أوجه النشاط الحركي، وتعتبر مرحلة ما قبل المدرسة هي مرحلة إتقان أشكال الحركات المختلفة وكذلك الحصول على إمكانية الربط الحركي فضلا عن ذلك فإنها تعد مرحلة البناء الأساسي للتوافق الحركي ويصل التعلم إلى أعلى مستواه في هذه المرحلة وإنّ التطور الحركي للطفل في هذه المرحلة يظهر في ثلاث اتجاهات وهي:

١. الزيادة السريعة لكمية الإنجاز.

٢. التحسن الواضح لنوعية الحركة.

٣. الزيادة في أنواع أشكال الحركات المسيطر عليها حل الواجبات المختلفة.

تمتاز حركات الطفل في بداية السنة الثالثة من عمره بالشدة وسرعة الاستجابة والتنوع في كمية الحركات التي يؤديها فبعد أن كانت حركاته في السنتين الأوليتين من عمره تشمل على المشي وتحريك أعضاء الجسم والمسك بالأشياء بصورة عشوائية وغير منتظمة نجد أنّ هذه الحركات تأخذ صورا شتى كالجري، والقفز من أعلى إلى أسفل، والقفز لمسافات بعيدة، والتزحلق وصعود ونزول السلم، والسير على أطراف الأصابع، وركوب الدراجة ذات الثلاث عجلات والعجلتين، وإنّ هذه الحركات تعتمد على العضلات الكبيرة في الجسم.

ويتطور النمو الحركي تدريجيا خلال مرحلة ما قبل المدرسة فالطفل يستطيع ضبط الكثير من حركاته، وتحدث بعد الخامسة من العمر تطورات أساسية تتمثل بنمو الحركات الدقيقة المتناسقة وتشمل مجموعة من العضلات الصغيرة التي تستعمل في رمي الكرات ومسكها، وفي مهارة الكتابة، وعندما يكون الطفل في عمر السادسة يكون قادرا على التكيف لمتطلبات المدرسة والمساهمة في النشاطات والألعاب مع الأفراد.

أمّا تعلم الحركات فيكون مختلفا لدى الأطفال، إذ يتم على مقدار تعلمهم لشكل الحركات المتعددة والمعقدة والتي تكون بمثابة قاعدة أساسية للحركات الجديدة وتوجد اختلافات كبيرة في السنين الأولى من مرحلة الطفولة فلكل سنة لها تطورها الحركي الذي يختلف عن السنة التي قبلها أو بعدها ولكن تؤخذ كمرحلة واحدة وتسمى مرحلة ما قبل المدرسة، ويختلف التطور الحركي كذلك

عل أساس الفروق الفردية أيضا فتكون قابلية التقدم بالحركات والمهارات على أساس البناء الحركي والتوازن، وتنفيذ الحركات المركبة، فطفل السنة الرابعة مثلا يختلف عن طفل السنة الخامسة والسادسة في أداءه الحركي. إنّ الحركات في هذه المرحلة تتميز بالقوة والسرعة، وإنّ البناء الحركي للمهارة يتحسن وكذلك يظهر الوزن والنقل الحركي وتصل المرونة إلى أبعد مداها الحركي إذا ما استغلت بشكل صحيح، لأنها مرحلة إتقان الصفات الحركية.

ومن خلال ما تقدم نستطيع القول بأنّ الطفل في هذه المرحلة يتعلم المهارات الحركية الأساسية ويتقنها والتي تعد أساس جميع الحركات المختلفة والمتقدمة التي يحتاج إليها لتطوره اللاحق ويظهر استخدام هذه المهارات الأساسية في ألعابه المختلفة، إذ أنّ استعداد الطفل للتطور الحركي في مراحله المتقدمة يعتمد اعتمادا كبيرا على بناء الأنماط الحركية التي تكونت عند الطفل في وقت سابق، ونلاحظ بأنّ هناك فرقا في الأداء الحركي بين الطفل في السنة الثالثة والطفل في السنة الرابعة والخامسة ويظهر هذا الفرق في كيفية الأداء، ومستوى الإتقان، وربط هذه المهارات بمهارات حركية أخرى، وترتبط سرعة تطور النمو الحركي للطفل بالفرص المتاحة له لممارسة الأنشطة الحركية المختلفة.

الفصل السادس
المهارات الحركية

- مفهوم المهارات الحركية الأساسية وأهميتها

- تصنيف المهارات الحركية الأساسية

- التطور الحركي للمهارات الحركية الأساسية

- المهارات الحركية

- القفز

- مهارة لعب الكرة

- زمن الاستجابة

- تصور الجسم

الفصل السادس

المهارات الحركية

- مفهوم المهارات الحركية الأساسية وأهميتها

إنّ مصطلح المهارات الحركية الأساسية يطلق على النشاطات الحركية التي تبدو عامة عند معظم الأطفال وتتضمن نشاطات مثل رمي الكرات والتقاطها، والقفز والوثب، والحجل، والتوازن، وتعد ضرورية للألعاب المختلفة التي يقوم بها الأطفال. كذلك فإنّ مصطلح المهارات الحركية الأساسية يشير إلى "بعض مظاهر الإنجاز الحركي التي تظهر مع مراحل النضج البدني المبكرة مثل الحبو، والمشيء والجري، والدحرجة، والوثب، والرمي، والتسلق، والتعلق، ولأنّ هذه الأنماط الحركية تظهر عند الإنسان في شكل أولي، لذا يطلق عليها أسم المهارات الحركية الأساسية.

وتعد المهارات الحركية الأساسية متطلبا رئيسيا لأغلب المهارات المتعلقة بالألعاب الرياضية، وإنّ الفشل في الوصول إلى التطور والإتقان لهذه المهارات يعمل كحاجز لتطور المهارات الحركية التي يتم استخدامها في الألعاب الرياضية حيث أنه من الصعب أن يصبح الفرد ناجحا في الأداء الحركي في لعبة كرة السلة على سبيل المثال إذا لم تصل مهاراته الأساسية في الرمي واللقف والمحاورة والجري إلى مستوى النضوج فهنالك حاجز مهاري بين نمو أنماط مرحلة المهارات الحركية الأساسية وأنماط مرحلة

مهارات الألعاب، كما أنّ الطفل إذا لم يتمكن من تطوير المهارات الحركية الأساسية في مرحلة ما قبل المدرسة سوف يؤدي ذلك إلى مواجهة الطفل صعوبات كبيرة في تعلم مهارات الألعاب الرياضية في مراحل الطفولة والمراهقة وهذا ما يسمى بـ حاجز الكفاءة.

وعليه فإنّ المهارات الحركية الأساسية التي تمتد فترتها ما بين (٢-٦ سنوات) تحتل أهمية مميزة بالنسبة لتطور مراحل النمو الحركي، وتعد أساسا لاكتساب المهارات العامة والخاصة المرتبطة بالأنشطة الرياضية المختلفة في مراحل النمو التالية وخاصة أثناء فترة الطفولة المتأخرة والمراهقة. وإنّ هذه المهارات تعد بمثابة القاعدة الأساسية للممارسة الحركية للطفل إذ تعد الأساس المتين الذي تبنى عليه غالبية الألعاب الرياضية.

- تصنيف المهارات الحركية الأساسية:

لقد تطرق العديد من الباحثين والمتخصصين في مجال المهارات الحركية إلى تصنيف المهارات الحركية، وقد عملوا على تصنيف المهارات الحركية الأساسية إلى ثلاث فئات رئيسية، وفيما يأتي عرض لتصنيفات المهارات الحركية الأساسية:

أولا- المهارات الانتقالية:

وهي تلك المهارات التي تؤدي إلى تحريك الجسم من مكان إلى آخر عن طريق تعديل موقعه بالنسبة لنقطة محددة على سطح الأرض، وتشمل المهارات الانتقالية، المشي، والجري، والوثب الطويل والعمودي، والحجل والتسلق.

شكل (٢١)

نمو الحركة الانتقالية للطفل

ثانيا: مهارات المعالجة والتناول:

وهي تلك المهارات التي تتطلب معالجة الأشياء أو تناولها بالأطراف كاليد والرجل أو استخدام أجزاء أخرى من الجسم وتتضمن هذه المهارات وجود علاقة بين الطفل والأداة التي يستخدمها وتتميز بإعطاء قوة لهذه الأداة أو استقبال قوة منها، وتجمع مهارات المعالجة والتناول بين حركتين أو أكثر، ومن خلال هذه المهارات يتمكن الأطفال من استكشاف حركة الأداة في الفضاء من حيث تقدير كتلة الشيء المتحرك، والمسافة التي يتحركها، وسرعة واتجاه الأداة، وتشمل مهارات المعالجة والتناول مهارات كالرمي، والاستلام (اللقف)، والركل، ودحرجة الكرة، وطبطبة الكرة، والضرب، والالتقاط.

شكل (٢٢)

تطور رمي الاشياء عند الطفل

ثالثا: مهارات الاتزان الثابت والحركي:

وهي تلك المهارات التي يتحرك فيها الجسم حول محـوره الـرأسي أو الأفقـي وتتضـمن هذه المهارات:

أ- الاتزان الثابت:- **ويقصد به القدرة التي تسـمح للطفـل بالاحتفـاظ بثبـات الجسـم دون سقوط أو اهتزاز عند اتخاذ أوضاع معينة.**

ب- الاتزان الحركي:- **ويقصد به القدرة التي تسمح للطفـل بـالتوازن أثنـاء أداء حـركي معـين، وتشـمل مهارات ثبات واتزان الجسم مهارات كالثني، والمـد، والمرجحـة، واللـف، والـدوران، والدحرجـة، والاتزان المقلوب، والاتزان عل قدم واحدة، والمشي على عارضة التوازن.**

شكل (٢٣)

تطور مهارات الاتزان الثابت والحركي للطفل

- التطور الحركي للمهارات الحركية الأساسية

إنّ التعرف على التطور الحركي للطفل ولاسيما تطور المهارات الحركية الأساسية له أكبر الأثر بالنسبة للآباء والمربين، وجميع الذين يتعاملون مع الطفل ويتابعون تطورهم عـن وعـي وإدراك من أجل تهيئة الظروف والعوامـل البيئيـة المناسبة لتحقيـق التطور الحركي للطفـل، وكذلك إنّ التعرف على التطور الحركي للطفل له أهمية في تحديد المناهج والأنشطة الرياضية لأنّ بناء أي منهاج في هذه المرحلة العمرية يتطلب منـا معرفة مقدار التطور الحركي الـذي وصل إليه الطفل، وفيما يأتي عرض لبعض المهـارات الحركيـة الأساسـية وتطور أداءهـا والتـي تضمنها المنهاج المقترح وكما يأتي:

أولا: مهارة الركض:

يعد الركض امتدادا طبيعيا لحركة المشي التي يؤديها الطفل، إذ أنّ تطور الركض يعتمد بشكل أساسي على حركة المشي السريع للطفل، إذ تعد بمثابة مرحلة تمهيدية لمهارة الركض، وتظهر المحاولات الأولى للركض عندما يؤدي الطفل حركة المشي السريع في حوالي الشهر الثامن عشر بعد الولادة، ولكن لا يعد حركة ركض حقيقي لأن الطفل لا يمتلك القوة العضلية بالقدر الكافي الذي يسمح للقدمين أن تتركان الأرض بصورة دقيقة، ويختلف الركض عن المشي- في أنّ هناك فترة طيران قصيرة أثناء كل خطوة وتسمى مرحلة عدم الارتكاز أو مرحلة الطيران، في حين يكون المشي على اتصال دائم بالأرض إمّا بقدم أو بالقدمين معا، ويمكن ملاحظة فترة الطيران أثناء الركض خلال السنة الثانية من عمر الطفل، وتعد مهارة الركض من المهارات الأساسية التي يتوقف عليها نجاح الكثير من المهارات الرياضية والألعاب المختلفة.

وفي السنة الرابعة من عمر الطفولة يلاحظ حركة الرجلين والذراعين التوافقية أثناء الركض عند حوالي ٣٠٪ من الأطفال، ولكن عند النظر بشكل عام نلاحظ أنّ حركة الطفل تؤدى بصورة غير منتظمة وتكون حركة الرجلين قصيرة وذات ضربات قوية مع قلة مجال الحركات وعدم انتظام حركات الذراعين، وفي عمر خمس سنوات نلاحظ إن تطور توافق الركض يصل إلى حوالي ٧٠-٧٥ ٪ وبعد سنة يصل التطور إلى ٩٠٪ فتظهر حركة الركض بوضوح في عمر ٥-٧ سنوات وبصورة خاصة زيادة سعة الخطوة نتيجة لزيادة قوة الدفع المناسبة في لحظة المد من مفصل الركبة مع زيادة رفع الفخذ كذلك

تتحسن سرعة الركضة ورشـاقتها عنـد الأطفـال في عمـر ٥-٧ سـنوات، إنّ نسـبة النمـو السنوية عند الطفل في السنوات الأولى من الدخول إلى المدرسة تكون أكبر مقارنة مع نموه في مراحلـه الأولى.

شكل (٢٤)

تطور مهارة الركض عند الطفل

ثانيا: مهارة الوثب:

تعني مهارة الوثب اندفاع الجسم في الهواء بوسـاطة دفـع أحـدى الـرجلين أو الـرجلين معـا، ثـم الهبـوط عـلى أحـدى القـدمين أو القـدمين معـا، ويمكـن أن تـؤدى مهارة الوثـب في اتجاهات مختلفة وبأشـكال متنوعـة، مثـل الوثـب لأعـلى أو لأسـفل أو للأمـام أو للخلـف أو للجانب، ومن الأهمية أن ينظر إلى مهارة الوثب كإحدى المهارات الأساسية المستقلة والهامة، فضلا عن أنها مهارة تتسم بقدر من الصعوبة يزيد عن مهارة الركض، ويعود سبب ذلك إلى أنّ مهارة الوثب تتطلب من الطفل فضلا عن توافر قدر ملائم من القوة يسمح بـدفع الجسم في الهواء، أن يمتلك قدرا كافيا من التوافق العضلي العصبي الذي يسمح باحتفاظ الجسم

بتوازنه أثناء الطيران وعند الهبوط. وتظهر المحاولات الأولى للوثب عندما يكون الطفل في وضع مرتفع قليلا على درجة مثلا وينزل عن ذلك المستوى المرتفع نزولا قويا، فيبدو قفزه وكأنه خطوة ثقيلة إلى الأسفل، ويتمكن الأطفال عند سن الثانية والنصف تقريبا من القفز مستخدمين القدمين معا، وعندما يبلغ الطفل عامه الثالث والرابع يشهد تقدما ملحوظا لأداء مهارة الوثب لأسفل وذلك من حيث مسافة الوثب وتنوع أنماط الوثب. وفي عمر خمس سنوات يستطيع الطفل تأدية القفز من الثبات وكذلك القفز لأعلى والقفز العريض ومن الركضة التقريبية كذلك فإنه يستطيع القفز فوق خطين أو منطقة محددة ومرسومة على الأرض.

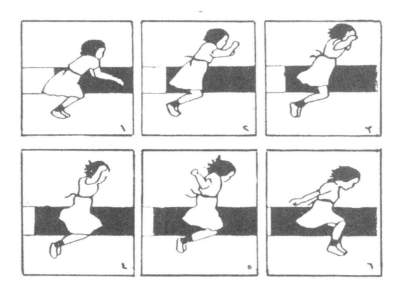

شكل (٢٥)

تطور مهارة الوثب عند الطفل

شكل (٢٦)

تنوع حركات الطفل في مرحلة قبل المدرسة

ثالثا: مهارة الرمي:

تعد مهارة الرمي من أكثر المهارات أهمية وشيوعا للتعبير عن حركات المعالجة والتناول للعضلات الكبيرة في هذه المرحلة، ويمكن إنجاز هذه المهارة بطرائق عديدة، حيث تؤدى مهارة الرمي والذراع مفرودة من أعلى الرأس، كما يمكن أن تؤدى باليدين من أسفل الحوض، تؤدى بحركة الذراع للجانب... وتعد مهارة الرمي والذراع مفرودة من أعلى الرأس من أكثر مهارات الرمي استخداما في مجال دراسات تطور النمو الحركي لمهارة الرمي، كما يمكن أداء هذه المهارة باستخدام أدوات مختلفة حيث يختلف الشيء المراد رميه من حيث الحجم والوزن والشكل، كما أنّ الهدف من الرمي يختلف فقد يكون دقة الرمي،

أو قوة الرمي، أو زيادة المسافة، لذلك من الصعوبة تحديد نمط ثابت ومعين لأداء هذه المهارة.

ويقوم الطفل في العام الثاني من عمره بمحاولات قذف بعض الأشياء الصغيرة (كرات مثلا) إلى الأسفل ويظهر سعادة كبيرة عندما يقذف هذه الأشياء على الأرض وينظر إليها بعينيه، وبتطور النمو يستطيع الطفل تحديد اتجاه الرمي، ولكن ليس في مقدور الطفل أداء مهارة الرمي بدرجة توافقية جيدة فلا يستطيع الطفل التحكم في توقيت الرمي، إذ تكون هناك برهة انتظار بين المرحلة الابتدائية للرمي والمرحلة الرئيسية وفي لحظة إطلاق الكرة من اليد، وفي العام الثالث تتطور مهارة الرمي عند الطفل حيث يمكنه رمي الكرة بقوة، ولكن النقل الحركي من الجذع إلى اليد الرامية لا يكون بدرجة متقنة.

ومع تطور النمو يزداد تحسن مهارة الرمي، إذ يستطيع الطفل في العام الرابع رمي الكرات الكبيرة والصغيرة، مع توجيهها إلى هدف معين إذ يكون الرمي بيد واحدة من وضع الوقوف وتكون إحدى القدمين للأمام والأخرى للخلف، أو يكون الرمي من وضع الوقوف والقدمان متباعدتان وعلى خط واحد والرمي من أسفل للأعلى وللأمام.

ويتمكن الطفل من أداء مهارة الرمي على هدف كبير على بعد (٢م) على إن يكون الهدف بموازاة ارتفاع رأس الطفل ويتم ذلك بدءا من عمر (٤-٥ سنوات) وعندما يبلغ الطفل العام السادس يصبح في مقدوره أن يتقن دقة الرمي على هدف يبعد حوالي (٥م)، ويرمي الأولاد لمسافة أبعد وبدقة أكثر من البنات.

شكل (٢٧)

تطور مهارة الرمي عند الطفل

رابعا: مهارة الاستلام (اللقف):

تعد مهارة الاستلام (اللقف) من أكثر المهارات الحركية الأساسية تمثيلا لمهارة المعالجة والتناول للعضلات الكبيرة في الجسم، ويعد المحك العلمي لنجاح مهارة الاستلام لدى الطفل هو استلام الشيء المقذوف أو الكرة باليدين.

ويبدأ بزوغ المحاولات الأولى لاستلام الكرة لدى الطفل في سن الثانية عندما يكون جالسا والرجلان متباعدتان للخارج، بينما تتدحرج الكرة بين الرجلين فيحاول أن يمسك الكرة ويسحبها نحو أحد الرجلين، في الوقت الذي يعجز فيه طفل الثانية من العمر عن استلام الكرة الطائرة في الهواء حتى وإن تم تمريرها ببطء ولمست صدره.

وعندما يبلغ الطفل من العمر ثلاث سنوات وعند ملاحظة مهارة الاستلام لديه نجده يمد يديه بصورة متوازية وعلى شكل (سلة) لاستلام الكرة ولكنه يجتاز هذه الحالة بالتدريج إلى أن يصل إلى وضع الاستعداد أو التهيؤ

لاستلام الكرة، فنلاحظ امتداد الذراعين للأمام نحو الكرة وتكون راحتا اليدين مفتوحة بفتحة مناسبة لاستلام الكرة والأصابع مبتعدة عن بعضها قليلا ويقوم الطفل بسحب الكرة إلى الصدر لأجل الأمان، ويكون هناك ثني ومد في مفصلي الورك والركبتين لأجل استلام الكرة بشكل أسهل.

وتتطور مهارة الاستلام مع تقدم عمر الطفل ففي السنة الرابعة يقوم الطفل بمد الذراعين في اتجاه الكرة القادمة في الهواء من وضع الاستعداد ويكون اتساع اليدين أكثر قليلا من حجم الكرة وتكون الأصابع متباعدة، وعندما تلمس إحدى اليدين الكرة فإنه يقوم بالقبض عليها بمساعدة اليد الأخرى.

وتعد بداية العام الخامس من عمر الطفل تغيرا كبيرا في مهارة استلام الكرة إذ يستمر تطور هذه المهارة، وبذلك يستطيع الطفل استلام الكرة إذا كان هناك انحراف في اتجاهها نحو اليمين أو اليسار أو الأعلى، وتتطور تلك المهارة بالنسبة للأطفال المتدربين إذ يمتلكون مستوى من التوقع الحركي والذي يمكنهم من متابعة سير الكرة ثم النجاح في استلامها وهي في الهواء، إنّ هذه المرحلة من التطور يمكن الوصول إليها عندما يكون الطفل في عمر (٦سنوات) تقريبا، وإنّ قابلية السرعة والانسيابية تتحسن مع تقدم عمر الطفل و إنّ (٥١٠%) من أطفال بعمر (٦-٧ سنوات) قادرين على أداء مهارة الاستلام بقدر من السرعة والانسيابية.

شكل (٢٨)

تطور مهارة اللقف عند اللقف

- المهارات الحركية:

يتسم النمو العضوي خلال فترة ما قبل المدرسة بالتناسق في العضلات الكبيرة والصغيرة ويزداد التناسق المذكور في الطفولة المتوسطة ويتجلى ذلك في عدد ضخم من الفعاليات بدءا من القراءة والكتابة وانتهاء باللعب الجماعي المنظم.

- القفز:

يعد القفز مؤشرا جيدا للتناسق الحركي والقوة وعادة يتخطى الصبيان البنات في القفز بعد السنة السابعة من العمر وتتفوق الإناث على أندادهم الصبيان في الحجل (القفز على قدم واحدة) ويتصاعد حجل الأولاد حتى السنة التاسعة.

- مهارات لعب الكرة :

يلعب أطفال المدرسة الابتدائية الكرة بطرق مختلفة ومن المعروف أنّ المشاركة في لعب الكرة تفيد الطفل في تحسين وضعه الاجتماعي ومفهومه عن ذاته يستطيع أغلب الصغار في السنة السادسة قذف الكرة بقوة ودقة ويزداد مدى القذف بازدياد السن وليس عجيبا أن يتخطى الصبيان البنات في مدى قذف الكرة في السنوات كلها بين السادسة والثانية عشرة وذلك بسبب قوتهم العضوية ويتضاعف مدى القذف في السنة العاشرة عنه في السادسة حتى يبلغ في السنة الثانية عشرة ثلاثة أضعاف مداه في السادسة كما يتحسن مستوى دقة إصابة الهدف في الكرة مع الزمن ويتفوق الصبيان على البنات في ذلك جليا هذا مع العلم أنّ إمساك الكرة يكون عادة أكثر صعوبة من قذفها وإنّ مهارة القذف تتوقف على حجم الكرة وعلى سرعة قذفها أمّا بالنسبة لتقدير مسقط الكرة المقذوفة فقد تبين في إحدى الدراسات عجز الأولاد عن التقدير بين السنتين السادسة والثامنة ولم يبد الصغار تحسنا واضحا في التقدير إلاّ في السنة العاشرة إضافة إلى ذلك لم تقم فروق بين الجنسين في تقدير مسقط الكرة المقذوفة وليست هناك وقائع بصدد قابلية الأولاد لرفس كرة القدم والتلاعب بها خلافا لبعض الوقائع التي تبين تفوق الصبيان على البنات في عمليتي الرفس والتلاعب وإصابة الهدف ربما رجع تفوق الصبيان في تلك الفعالية إلى أصالة تمرسهم فيها.

- زمن الاستجابة :

تتطلب المهارات الحركية تلاحقا في الأفعال يكسبها بعدا زمنيا محددا يسمى زمن الاستجابة ويتحدد زمن الاستجابة بزمن الحركة أي الوقت الذي يمضي بين بداية الفعل ونهايته وبزمن القرار الذي يغطي الفترة الفاصلة بين انطلاق الإشارة أو المثير وأول حركة من الفعل وقد كان زمن الاستجابة موضع اهتمام الباحثين فدرست تغيراته في مراحل الطفولة المختلفة ففي إحدى الدراسات أعطي أطفال ما بين السنة الرابعة والسادسة عشرة مهمتين لزمن الاستجابة تمثلت المهمة الأولى في عشرة ألحان مرتفعة وعشرة ألحان منخفضة عرضت على الأولاد في فترات تتراوح بين ١٠ ثوان و٢٥ ثانية ومن أجل قياس زمن الحركة سئل المفحوصون ضغط زر بالسرعة الممكنة لإيقاف اللحن أمّا في المهمة الثانية فقد قيس زمن القرار حيث سئل المفحوصون ضغط الزر بالسرعة الممكنة في حالة سماع اللحن الشديد فقط أُعطي كل مفحوص نقطتين واحدة لسرعة الاستجابة والأخرى لتباينات الاستجابة من محاولة لأخرى وقد وجد أنّ ثمة تناقصا منتظما يتماشى مع تزايد العمر في زمن الاستجابة كان زمن استجابة الناشئة الصغار ٠,٧٥ من الثانية في حين بلغ زمن استجابة الناشئة الكبار ٠,٢٥ من الثانية ووقع التناقص الأكبر من سواه في زمن الاستجابة بين أبناء الرابعة حتى التاسعة وتشابهت النتائج في زمن القرار بواقع ١٣٥ ثانية للصغار و٠,٣٥ للكبار وكان التناقص الأكبر بين أبناء المدى العمري السابق نفسه وتباينت نقط التباعد هي الأخرى مع العمر إذ أبدى الناشئة الصغار تباينا أوسع من تباين نظرائهم الكبار تناولت دراسة أخرى بحث زمن القرار فتمثلت المهمة

في سؤال المفحوصين فرز عدد من البطاقات من أربعة أكوام تتألف كل منها من ٢٤ بطاقة وقد تضمنت إحدى الأكوام ثلاثة ألوان بواقع ثماني بطاقات لكل لون وشملت الكومة الثانية أربعة ألوان بواقع ست بطاقات للون الواحد أمّا الكومتان الثالثة والرابعة فتكونت إحداهما من ستة ألوان بواقع أربع بطاقات للون الواحد وشملت الثانية ثمانية ألوان بواقع بطاقتين للون الواحد وسئل المفحوص أن يفرز البطاقات في أكوام صغيرة طبقا للونها قيس زمن الحركة بسؤال المفحوص فرز كومة من البطاقات عديمة اللون في كومتين على أن تكون أربع بطاقات أو ست أو ثماني بطاقات للكومة الواحدة وحسب زمن القرار بطرح الزمن المستغرق في فرز البطاقات الفارغة من الزمن المستغرق في فرز البطاقات الملونة كان المفحوصون في هذه الدراسة ذكورا وإناثا من الأعمار ١٢،١٠،٨،٦ وأشارت النتائج إلى أنّ زمن القرار يتوقف على العمر وعلى عدد الاختبارات فقد استغرق الكبار أقصر- الأوقات وتزايد زمن القرار في كل فئة عمرية بتزايد عدد الاختيارات إضافة إلى ذلك حدث التحول الجذري في زمن القرار بين العمرين ٦سنوات و٨ سنوات وظهر تناقص في تشتت الاستجابة خلال الطفولة المتوسطة ويعود السبب في ذلك إلى التحسن التدريجي في المهارات الحركية مثل إمساك الكرة وإصابة الكرة المتحركة بالقدم والتناسق بين حركة العين وحركة اليد.

وتجدر الإشارة أخيرا إلى أن ضعف المهارات الحركية لدى الصغار قد يكون نتيجة كف نفسي- لاتخاذ القرار وليس نتيجة تناسق حركة اليد مع حركة العين.

- تصور الجسم :

يكون الطفل مفهوما ملائما عـن ذاتـه في الوقت نفسـه الـذي يتصـاعد فيـه اكتسابه لمفاهيم واقعية عن العالم من حوله ويمثل تصور الطفل لجسمه إحـدى المقومـات الأسـاسـية لمفهومه عن ذاته، يشمل تصور الجسم وعيا للجسم وأجزائه كما يشمل تقويما لكفـاءة المظهـر العضوي والمهارات الحركية للفرد بمقارنتها بنظيرتها لـدى الأقران وعـلى الـرغم مـن أنّ تصـور الجسم يبدأ في مرحلة الرضاعة والطفولة المبكرة إلاّ أنه يغدو في مرحلة الطفولة المتوسطة أكثر وضوحا مما مضى وذلك لأن الناشئ يقارن نفسه بأقرانه وليس بأهله فقط.

وتجدر الإشارة إلى أنّ إدراك الطفل لجسمه يحدد بعـدد مـن الأساليب منهـا سـؤال الطفل المبحوث رسم شكل بشري أو إكمال رسم ناقص كما يمكن أن نطلب من الطفل التعرف على الأجزاء الناقصة في شـكل بشري غـير مكتمـل أو تمييـز الأعضـاء اليمنى مـن اليسرى لـه وللآخرين ثم أنّ قابلية الطفل المتزايدة الصاعدة لكف الأفعال الحركية من الأنواع كلها تشكل دليلا آخر على نمو إدراك الجسم لدى الطفل.

الفصل السابع
اللـــــعب

- اللعب ودوره في حياة الطفل

- نظرية جان بياجيه في اللعب

- سيكولوجية اللعب

- أنواع اللعب عند الأطفال

- العوامل المؤثرة في لعب الأطفال

- اللغة والمعرفة واللعب

- أهمية وفوائد اللعب لدى الأطفال

الفصل السابع

اللـــــعــب

- اللعب ودوره في حياة الطفل

يتميز اللعب خلال فترة ما قبل المدرسة بازدياد تعقيده وتخيلاته، من أدوار بسيطة تكرر فعاليات شائعة مثل الشراء من السوق ووضع الرضيع في سريره (بعمر ٢-٣ سنوات) إلى مخططات أوسع مدى تتضمن فعاليات فردية مثل الطيران إلى القمر (بعمر ٤-٥ سنوات)، كما يحدث تطور مشابه في التفاعل الاجتماعي من تفاعل أصغري مع القرناء خلال اللعب (بشكل منفرد أو لعب مزدوج بعمر ١-٢ سنة) إلى لعب تشاركي مثل بناء برج من المكعبات معا (بعمر ٣-٤سنوات) إلى اللعب بشكل مجموعات منظمة مع تخصيص أدوار محددة، مثل لعب أدوار (أفراد المنزل)، كما يصبح اللعب أكثر فأكثر منظما بقواعد بدءا من قواعد أولية حول الطلب (فضلا عن الأخذ) والمشاركة (بعمر ٢-٣سنوات) إلى قواعد تتغير كل لحظة تبعا لرغبات اللاعبين (بعمر ٤-٥سنوات) وحتى بدء الإدراك على أن القواعد ثابتة نسبيا (بعمر خمس سنوات فما بعد).

- نظرية جان بياجه في اللعب :

إن نظرية (جان بياجه) في اللعب ترتبط ارتباطا وثيقا بتفسيره لنمو الذكاء ويعتقد (بياجه) أنّ وجود عمليتي التمثل والمطابقة ضروريتان لنمو كل كائن عضوي وأبسط مثل للتمثل هو الأكل فالطعام بعد ابتلاعه يصبح جزءا من الكائن الحي بينما تعني المطابقة توافق الكائن الحي مع العالم الخارجي كتغيير خط السير مثلا لتجنب عقبة من العقبات أو انقباض أعصاب العين في الضوء الباهر فالعمليتان متكاملتان إذ تتمم الواحدة الأخرى كما يستعمل (بياجيه) عبارتي التمثل والمطابقة في معنى أعم لينطبقا على العمليات العقلية، فالمطابقة تعديل يقوم به الكائن الحي إزاء العالم الخارجي لتمثل المعلومات كما يرجع النمو العقلي إلى التبادل المستمر والنشط بين التمثل والمطابقة ويحدث التكيف الذكي عندما تتعادل العمليتان أو تكونان في حالة توازن وعندما لا يحدث هذا التوازن بين العمليتين فإن المطابقة مع الغاية قد تكون لها الغلبة على التمثل وهذا يؤدي إلى نشوء المحاكاة وقد تكون الغلبة على التعاقب للتمثل الذي يوائم بين الانطباع والتجربة السابقة ويطابق بينها وبين حاجات الفرد وهذا هو اللعب فاللعب والتمثل جزء مكمل لنمو الذكاء ويسيران في المراحل نفسها.

ويميز (بياجيه) أربع فترات كبرى في النمو العقلي فالطفل حتى الشهر الثامن عشر- يعيش مرحلة حسية حركية إذ يبدأ الطفل في هذه المرحلة بانطباعات غير متناسقة عن طريق حواسه المختلفة. وذلك لعدم قدرته على تمييز هذه الانطباعات من استجاباته المنعكسة لها. ويحصل التناسق الحركي والتوافق تدريجيا في هذه المرحلة حيث تصبح هذه الأمور ضرورية لإدراك الأشياء

ومعالجتها يدويا في المكان والزمان. وفي المرحلة التالية الواقعة بين عامين وسبعة أو ثمانية أعوام – وهي المرحلة التشخيصية تنمو حصيلة الطفل الرمزية واللفظية فيصبح قادرا على تصور الأشياء في غيابها ويرمز إلى عالم الأشياء بكامله مع ما بينها من علاقات وهذا يتم من خلال وجهة نظره الخاصة ولا يستطيع الطفل في هذه المرحلة تجميع الأشياء وفق خصائصها المشتركة بل يصنفها تصنيفا توفيقيا إذ استرعى انتباهه شيء ما مشترك بين مجموعة أشياء.

وفي المرحلة الثالثة في الحادية عشرة أو الثانية عشرة يصبح الطفل قادرا على إعادة النظر في العمليات عقليا بالنسبة للحالات المادية فقط ومع تقدم النمو يتوزع الانتباه وتصبح العمليات القابلة لإعادة النظر ممكنة عقليا في بادئ الأمر ثم تنسق مع بعضها حتى ينظر إلى العلاقة المعينة كحالة عامة لكل فئة.

وفي المرحلة الرابعة – مرحلة المراهقة – تصبح العمليات العقلية عمليات مجردة تجريدا تاما من الحالات المحسوسة جميعها وفي كل مرحلة من هذه المراحل تنمو مدارك الطفل بالتجربة من خلال التفاعل والتوازن بين مناشط التمثل والمطابقة لأن التجربة وحدها لا تكفي وترجع الحدود الفطرية في النمو لكل مرحلة إلى نضج الجهاز العصبي المركزي من جهة وإلى خبرة الفرد عن البيئة المحيطة من جهة أخرى. ويبدأ اللعب في المرحلة الحسية الحركية إذ يرى (بياجيه) إنّ الطفل حديث الولادة لا يدرك العالم في حدود الأشياء الموجودة في الزمان والمكان فإذا بنينا حكمنا على اختلاف ردود الأفعال عند الطفل فإن الزجاجة الغائبة عن نظره هي زجاجة مفقودة إلى الأبد وحين يأخذ الطفل في الامتصاص لا يستجيب لتنبيه فمه وحسب بل يقوم بعملية المص وقت خلوه من الطعام ولا

يعد هذا لعبا حتى ذلك الوقت لأنه يواصل لذة الطعم. وينتقل سلوك الطفل الآن إلى ما وراء مرحلة الانعكاس حيث تنضم عناصر جديدة إلى رد الفعل الدوري بين المثيرات والاستجابات ويقلل نشاط الطفل تكرارا لما فعله سابقا وهذا ما يطلق عليه (بياجيه) التمثل الاسترجاعي ومثل هذا التكرار من أجل التكرار هو في حد ذاته طليعة اللعب.

وليس هناك ما يلزم (بياجيه) بافتراض وجود خاص للعب طالما يرى فيه مظهر من مظاهر التمثل الذي يعني تكرارا لعمل ما بقصد التلاؤم معه وتقويته. وفي الشهر الرابع يتناسق النظر واللمس عند الطفل ويتعلم أن دفع الدمية المعلقة في سريره يجعلها تتأرجح وإذا ما تعلم الطفل عمل شيء ما فإنه يعيد هذا العمل مرارا وهذا هو اللعب ابتهاج (وظيفي) وابتهاج لأنه سبب نابع من تكرار الأفعال التي يتم التحكم بها فإذا ما تعلم الطفل كشف الأغطية بغية البحث عن الدمى والأشياء الأخرى يصبح هذا الكشف في حد ذاته لعبة ممتعة لدى الطفل من الشهر السابع وحتى الثاني عشر من عمره. فاللعب لم يعد تكرارا لشيء ناجح بل أصبح تكرارا فيه تغيير وفي أواخر المرحلة الحسية الحركية يصبح العمل ممكنا في حال غياب الأشياء أو وجودها مع الإدعاء والإيهام. فاللعب الرمزي أو الإيهام يميز مرحلة الذكاء التشخيصي الممتدة من السنة الثانية إلى السابعة من العمر فالتفكير الأولي يتخذ شكل الأفعال البديلة التي لا تزال منتمية إلى آخر تصورات الحركة الحسية.

أما اللعب الرمزي الإيهامي فله الوظيفة نفسها في نمو التفكير التشخيصي ـ كالوظيفة التي كان يقوم بها التدريب على اللعب في المرحلة الحسية الحركية إذ

أنه تمثل خالص وبالتالي يعمل على إعادة التفكير وترتيبه على أساس الصور والرموز التي يكون قد أتقنها. كذلك يؤدي اللعب الرمزي إلى تمثل الطفل لتجاربه الانفعالية وتقويتها. ومع ذلك فالصفة الخاصة للعب الإيهامي تستمد من الصفة الخاصة لعمليات الطفل العقلية في هذه المرحلة. ويصبح اللعب الإيهامي في المرحلة التشخيصية أكثر تنظيما وإحكاما ومع نمو خبرات الطفل يحدث انتقال كبير إلى التشخيص الصحيح للحقيقة. وهذا ما يتضمن المزيد من الحركات الحسية والتدريبات الفعلية بحيث يصبح اللعب ملائما بشكل تقريبي للحقيقة. ويصبح الطفل في الوقت نفسه أكثر مطابقة للمجتمع. وينتقل الطفل في الفترة الواقعة بين الثامنة والحادية عشرة إلى اللعب المحكوم بالنظم الجماعية الذي يحل محل ألعاب الإيهام الرمزية السابقة وعلى الرغم من أن هذه الألعاب التي تحكمها القواعد تتكيف اجتماعيا وتستمر حتى مرحلة البلوغ فإنها تظل وكأنها تمثل أكثر منها مواءمة للحقيقة.

وتضفي نظرية (بياجيه) على اللعب وظيفة بيولوجية واضحة بوصفه تكرارا نشطا وتدريبا يتمثل المواقف والخبرات الجديدة تمثلا عقليا وتقدم الوصف الملائم لنمو المناشط المتتابعة.

مما تقدم نستخلص أن نظرية (بياجيه) في اللعب تقوم على ثلاثة افتراضات رئيسة:

١. إنّ النمو العقلي يسير في تسلسل محدد من الممكن تسريعه أو تأخيره ولكن التجربة لا يمكن أن تغيره وحدها.

٢. إنّ هذا التسلسل لا يكون مستمرا بل يتألف من مراحل يجب أن تـتم كـل مرحلـة منهـا قبل أن تبدأ المرحلة المعرفية التالية.

٣. هذا التسلسل في النمو العقلي يمكن تفسيره اعتمادا عـلى نـوع العمليـات المنطقيـة التـي يشتمل عليها.

- سيكولوجية اللعب :

يعد اللعب نشاطا هاما يمارسه الفرد ويقوم بدور رئيس في تكوين شخصيته مـن جهـة وتأكيد تراث الجماعة أحيانا من جهة أخرى واللعب ظاهرة سـلوكية تسـود عـالم الكائنـات الحية - ولاسيما الإنسان -وتمتاز بها الفقريات العليا أيضا، ومن الجـدير بالـذكر أن اللعـب – بوصفه ظاهرة سـلوكية – لم ينـل مـا يسـتحقه مـن الدراسـات الجـادة والبحـث المتعمـق في الدراسات النفسية والسلوكية، ولعل السبب في قصور الدراسات عن تناول مثل هـذا الموضـوع يعود إلى وضوح الظاهرة وعموميتها أو صعوبة الدراسة الجادة لهذه الظاهرة السلوكية أو كل هذا معا.

واللعب في الطفولة وسـيط تربـوي هـام يعمـل عـلى تكـوين الطفـل في هـذه المرحلـة الحاسمة من النمو الإنساني، ولا ترجع أهمية اللعب إلى الفترة الطويلة التـي يقضيها الطفـل في اللعب فحسب بل إلى أنه يسهم بدور هام في التكوين النفسيـ للطفل وتكمـن فيـه أسـس النشاط التي تسيطر على التلميذ في حياته المدرسية.

يبدأ الطفل بإشباع حاجاته عن طريق اللعب حيث تتفتح أمام الطفل أبعـاد العلاقـات الاجتماعية القائمة بين الناس ويدرك أن الإسهام في أي نشاط

يتطلب من الشخص معرفة حقوقه وواجباته وهذا ما يعكسه في نشاط لعبه، ويتعلم الطفل عن طريق اللعب الجمعي الذاتي (self – control) والتنظيم الذاتي (– self regulation) تمشيا مع الجماعة وتنسيقا لسلوكه مع الأدوار المتبادلة فيها واللعب مدخل أساسي لنمو الطفل عقليا ومعرفيا وليس لنموه اجتماعيا وانفعاليا فقط ففي اللعب يبدأ الطفل في تعرف الأشياء وتصنيفها ويتعلم مفاهيمها ويعمم فيما بينها على أساس لغوي وهنا يؤدي نشاط اللعب دورا كبيرا في النمو اللغوي للطفل وفي تكوين مهارات الاتصال لديه، واللعب لا يختص بالطفولة فقط فهو يلازم أشد الناس وقارا ويكاد يكون موجودا في كل نشاط أو فاعلية يؤديها الفرد. إنّ العمل ينطوي على إمكانات تربوية وتعليمية هائلة في عملية النمو، فنشاط العمل يشبع في الطفل حاجة أصيلة إلى الممارسات الشديدة والفعالة ويكون العمل جذابا بقدر ما يبعث من مشاعر السرور لدى الطفل نتيجة لمساهمته بالنشاط مع الكبار والأطفال الآخرين، فالأطفال الصغار يقومون بمهام عملية منفردة توجههم إليها دوافع ضيقة تتسم بالتركيز حول الذات، وهم يعملون بغية الحصول على استحسان الوالدين والكبار، ومع تقدم المراحل العمرية تأخذ دوافع العمل في التغير عند الأطفال، فطفل الثالثة من العمر يكون العمل لديه أكثر اجتذابا واستثارة وإذ يقوم بأداء ما يطلب إليه بالاشتراك مع الكبار يشعر بنفسه وكأنه شخص كبير. وتأخذ دوافع العمل لدى أطفال السادسة والسابعة والثامنة من العمر في اكتساب مغزى اجتماعي أكثر وضوحا، وللعمل قيمة كبيرة في نمو المهارات اليدوية والقدرات العقلية فالطفل عندما يقلد الكبار وينفذ تعليماتهم يمكنه استخدام

ما يتوفر له من أدوات المائدة وأدوات المدرسة فينبغي أن يتعلم انتقاء الأدوات والوسائل والمواد المناسبة لعمل وهدف معينين وأن يتمكن من تحديد الأداءات واستخدامها بتتابع دقيق، والعمل إلى جانب ذلك يعد مجالا لتنمية الإرادة عند الأطفال حيث يقوم الطفل بتحديد مواقف العمل ويخطط لتحقيق الأهداف المرجوة ويحاول التغلب على الصعوبات والمعوقات التي تعترضه ومن خلال العمل تترسخ معالم النمو الاجتماعي والعاطفي للطفل وهكذا نجد أن العمل المنظم تربويا ينطوي على إمكانات هائلة للنمو المتكامل للطفل بما في ذلك حركاته وإحساساته ذاكراته وانتباهه وتفكيره وفي نشاط العمل تتوفر إمكانات كبيرة لنمو السلوك الهادف والمثابرة والإرادة والمشاعر الإنسانية الراقية

- أنواع اللعب عند الأطفال :

تتنوع أنشطة اللعب عند الأطفال من حيث شكلها ومضمونها وطريقتها وهذا التنوع يعود إلى الاختلاف في مستويات نمو الأطفال وخصائصها في المراحل العمرية من جهة وإلى الظروف الثقافية والاجتماعية المحيطة بالطفل من جهة أخرى وعلى هذا يمكننا أن نصنف نماذج الألعاب عند الأطفال إلى الفئات التالية:

١. الألعاب التلقائية:

هي عبارة عن شكل أولي من أشكال اللعب حيث يلعب الطفل حرا وبصورة تلقائية بعيدا عن القواعد المنظمة للعب، وهذا النوع من اللعب يكون في معظم الحالات افراديا وليس جماعيا حيث يلعب كل طفل كما يريد، ويميل الطفل في مرحلة اللعب التلقائي إلى التدمير وذلك بسبب نقص الاتزان الحسي الحركي إذ يجذب الدمى بعنف ويرمي بها بعيدا وعند نهاية العام الثاني من

عمره يصبح هذا الشكل من اللعب أقل تلبية لحاجاته النمائية فيعرف تدريجيا ليفسح المجال أمام شكل آخر من أشكال اللعب.

٢. الألعاب التمثيلية:

يتجلى هذا النوع من اللعب في تقمص لشخصيات الكبار مقلدا سلوكهم وأساليبهم الحياتية التي يراها الطفل وينفعل بها، وتعتمد الألعاب التمثيلية - بالدرجة الأولى - على خيال الطفل الواسع ومقدرته الإبداعية ويطلق على هذه الألعاب, الألعاب الإبداعية ويتصف هذا النوع من اللعب بالإيهام أحيانا وبالواقع أحيانا أخرى إذ لا تقتصر الألعاب التمثيلية على نماذج الألعاب الخيالية الإيهامية فحسب بل تشمل ألعابا تمثيلية واقعية أيضا تترافق مع تطور نمو الطفل.

٣. الألعاب التركيبية:

يظهر هذا الشكل من أشكال اللعب في سن الخامسة أو السادسة حيث يبدأ الطفل وضع الأشياء بجوار بعضها دون تخطيط مسبق فيكتشف مصادفة أن هذه الأشياء تمثل نموذجا ما يعرفه فيفرح لهذا الاكتشاف ومع تطور الطفل النمائي يصبح اللعب أقل إيهامية وأكثر بنائية على الرغم من اختلاف الأطفال في قدراتهم على البناء والتركيب. ويعد اللعب التركيبي من المظاهر المميزة لنشاط اللعب في مرحلة الطفولة المتأخرة (١٠-١٢) ويتضح ذلك في الألعاب المنزلية وتشييد السدود. فالأطفال الكبار يضعون خطة اللعبة ومحورها ويطلقون على اللاعبين أسماء معينة ويوجهون أسئلة لكل منهم حيث يصدرون من خلال الإجابات أحكاما على سلوك الشخصيات الأخرى ويقومونها ونظرا لأهمية هذا النوع من الألعاب فقد اهتمت وسائل التكنولوجيا المعاصرة بإنتاج العديد من الألعاب التركيبية التي تتناسب مع

مراحل نمو الطفل كبناء منزل أو مستشفى أو مدرسة أو نمـاذج للسـيارات والقطارات من المعادن أو البلاستيك أو الخشب وغيرها.

٤.   الألعاب الفنية:

تدخل في نطاق الألعاب التركيبية وتتميز بأنها نشاط تعبيري فنـي ينبـع مـن الوجـدان والتذوق الجمالي في حين تعتمد الألعاب التركيبية على شـحذ الطاقـات العقليـة المعرفيـة لـدى الطفل ومن ضمن الألعاب الفنية رسوم الأطفال التي تعبر عن التألق الإبداعي عند الأطفـال الذي يتجلى بالشخطبة هذا والرسم يعبر عما يتجلى في عقل الطفل لحظة قيامه بهذا النشاط، ويعبر الأطفال في رسومهم عن موضوعات متنوعة تختلف باختلاف العمر فبينما يعبر الصغار في رسومهم عن أشياء وأشخاص وحيوانات مألوفـة في حيـاتهم نجد أنهـم يركزون أكـثر عـلى رسوم الآلات والتعميمات ويتزايد اهتمامهم برسوم الأزهار والأشجار والمنازل مع تطور نموهم.

وتظهر الفروق بين الجنسين في رسوم الأطفال منذ وقت مبكـر فالصبيان لا يميلون إلى رسم الأشكال الإنسانية كالبنات ولكنهم يراعون النسب الجسمية أكثر مـنهن، فبينما نجد أن الأطفال جميعهم يميلون إلى رسم الأشخاص من جنسهم ما بين سن الخامسة والحاديـة عشرة نجد أن البنات يبدأن في رسم أشكال تعبر أكثر عن الجنس الآخر بعد الحادية عشرة، وتشـتمل رسوم الأولاد على الطائرات والدبابات والمعارك في حين تندر مثل هـذه الرسـوم عنـد البنات ويمكن أن نرجع ذلك إلى أسلوب التربية والتفريق بـين الصبيان والبنـات مـن حيـث الأنشـطة التي يمارسونها والألعاب التي يقومون بها ومما يؤثر في نوعية الرسوم

أيضا المستويات الاقتصادية والاجتماعية للأسر إلى جانب مستوى ذكاء الأطفال.

٥. الألعاب الترويحية والرياضية:

يعيش الأطفال أنشطة أخرى من الألعاب الترويحية والبدنية التي تنعكس بإيجابية عليهم فمنذ النصف الثاني من العام الأول من حياة الطفل يشد إلى بعض الألعاب البسيطة التي يشار إليها غالبا على أنها ألعاب الأم لأن الطفل يلعبها غالبا مع أمه، وتعرف الطفولة انتقال أنواع من الألعاب من جيل لآخر مثل (الثعلب فات) و(رن رن يا جرس) وغير ذلك من الألعاب التي تتوارث عبر الأجيال.

وفي سنوات ما قبل المدرسة يهتم الطفل باللعب مع الجيران حيث يتم اللعب ضمن جماعة غير محددة من الأطفال حيث يقلد بعضهم بعضا وينفذون أوامر قائد اللعبة وتعليماته وألعاب هذه السن بسيطة وكثيرا ما تنشأ في الحال دون تخطيط مسبق وتخضع هذه الألعاب للتعديل في أثناء الممارسة وفي حوالي الخامسة يحاول الطفل أن يختبر مهاراته بلعبة السير على الحواجز أو الحجل على قدم واحدة أو (نط الحبل) وهذه الألعاب تتخذ طابعا فرديا أكثر منه جماعيا لأنها تفتقر إلى التنافس بينما يتخلى الأطفال عن هذه الألعاب في سنوات ما قبل المراهقة ويصبح الطابع التنافسي مميزا للألعاب حيث يصبح اهتمام لا متمركزا على التفوق والمهارة.

والألعاب الترويحية والرياضية لا تبعث على البهجة في نفس الطفل فحسب بل إنها ذات قيمة كبيرة في التنشئة الاجتماعية فمن خلالها يتعلم الطفل الانسجام مع الآخرين وكيفية التعاون معهم في الأنشطة المختلفة وتتجلى قيمة

هذه الأنشطة في تنشئة الطفل وفقا لمعايير الصحة النفسية. فهذه الأنشطة تتحدى الطفل لكي ينمي مهارة أو يكون عادة وفي سياقها يستثار بالنصر ويبذل جهدا أكبر وحينما لا يشترك الناس في صباهم في ألعاب رياضية فإنهم يحصلون على تقديرات منخفضة وفقا لمقاييس التكيف الاجتماعي والانفعالي للناجحين فمثل هؤلاء الأشخاص كثيرا ما يتزعمون الشغب ويثيرون المتاعب لأنه لم تكن لديهم الفرصة لأن يتعلموا كيف يكسبون بتواضع أو يخسرون بشرف وبروح طيبة أو يتحملون التعب الجسمي في سبيل تحقيق الهدف وباختصار فإنّ أشخاصا كهؤلاء لا يحظون بميزة تعلم نظام الروح الرياضية الطيبة وهي لازمة للغاية لحياة سعيدة عند الكبار. والواقع أنّ الألعاب الرياضية تحقق فوائد ملموسة فيما يتعلق بتعلم المهارات الحركية والاتزان الحركي والفاعلية الجسمية لا تقتصر ـ على مظاهر النمو الجسمي السليم فقط بل تنعكس أيضا على تنشيط الأداء العقلي وعلى الشخصية بمجملها. فقد بينت بعض الدراسات وجود علاقة إيجابية بين ارتفاع الذكاء والنمو الجسمي السليم لدى الأطفال منذ الطفولة المبكرة وحتى نهاية المراهقة.

٦. الألعاب الثقافية:

هي أساليب فعالة في تثقيف الطفل حيث يكتسب من خلالها معلومات وخبرات. ومن الألعاب الثقافية القراءة والبرامج الموجهة للأطفال عبر الإذاعة والتلفزيون والسينما ومسرح الأطفال وسنقتصر في مقامنا هذا على القراءة، إن الطفل الرضيع في العام الأول يجب أن يسمع غناء الكبار الذي يجلب له البهجة وفي العام الثاني يحب الطفل أن ينظر إلى الكتب المصورة بألوان زاهية ويستمتع بالقصص التي تحكي عن هذه الصور هذا إلى جانب ذلك تعد القراءة خبرة

سارة للطفل الصغير وخاصة إذا كان جالسا في حضن أمه أو شخص عزيز عليه ويمكن تبين الميل نحو القراءة عند الأطفال في سن مبكرة حيث تجذبهم الكتب المصورة والقصص التي يقرؤها الكبار لهم ويحب الطفل في هذه السن الكتب الصغيرة ليسهل عليه الإمساك بها.

وغالبا ما يميل الأطفال الصغار إلى القصص الواقعية بينما أنّ اتجاه الأم نحو الخيال له تأثير هام في تفضيل الطفل للقصص الواقعية أو الخيالية ويفضل معظم الصغار القصص التي تدور حول الأشخاص والحيوانات المألوفة في حياتهم ويميلون إلى القصص الكلاسيكية مثل (سندريلا – وعلي بابا والأربعين حرامي) كما يميلون إلى القصص العصرية التي تدور حول الفضاء والقصص الفكاهية والدرامية ويميلون أيضا في سنوات ما قبل المدرسة بسبب ما يتصفون به من إيحائية التي تدور حول حيوانات تسلك سلوك الكائنات الإنسانية.

ومع تطور النمو يتغير تذوق الطفل للقراءة إذ أن ما كان يستثيره في الماضي لم يعد يجذب انتباهه الآن ومع نموه العقلي وازدياد خبراته يصبح أكثر واقعية إنّ القدرة القرائية لدى الطفل تحدد ما يحب ويفضل من القصص والاهتمام الزائد بالوصف والحشد الزائد مما هو غريب على الطفل يجعل الكتاب غريبا عنه وغير مألوف لديه.

وتكشف الدراسات أنّ الميل نحو القراءة عند الطفل تختلف من مرحلة عمرية لأخرى في سنوات المدرسة حيث يتحدد بموجبها أنماط الكتب التي يستخدمها. ففي حوالي السادسة أو السابعة يميل الطفل إلى   قراءة القصص

التي تدور حول الطبيعة والرياح والأشجار والطيور كما أنه يهتم بحكايات الجن أو الشخصيات الخرافية التي تكون قصيرة وبسيطة.

وفي حوالي التاسعة والعاشرة من عمر الطفل يضعف اهتمامه بالحكايات السابقة ويميل إلى قصص المغامرة والكوميديا والرعب وقصص الأشباح ومع نهاية مرحلة الطفولة تتعزز مكانة القراءة في نفوس الأطفال وخاصة لدى البنات أمّا في مرحلة المراهقة تصبح الميول القرائية لدى المراهقين أكثر صقلا وأكثر إمتاعا من الناحية العقلية فبينما يهتم الأولاد بالموضوعات التي تتعلق بالعلم والاختراع تهتم البنات بالشؤون المنزلية والحياة المدرسية وفي المراهقة يصل الولع بالقراءة إلى ذروته نتيجة للعزلة التي يعاني منها المراهقون حيث ينهمكون في القراءة بغية الهروب من المشكلات التي تعترضهم من جهة وإلى زيادة نموهم العقلي والمعرفي من جهة أخرى.

ويظهر اهتمام المراهقين بالكتب التي تتحدث عن الأبطال التاريخيين والخرافيين فبينما يهتم الأولاد في هذه السن بالاختراعات والمغامرات تهتم البنات بالكتب المتعلقة بالمنزل والحياة المدرسية والجامعية.

والواقع أنّ حب الكتاب والقراءة تمثل أحد المقومات الأساسية التي تقوم عليها فاعلية النشاط العقلي لذا يتطلب ذلك تكوين عادات قرائية منذ الطفولة وأن تتأصل عند الأطفال مع انتقالهم من مرحلة عمرية إلى مرحلة أخرى.

- العوامل المؤثرة في لعب الأطفال:

يتخذ لعب الأطفال أشكالا وأنماطا متباينة. فالأطفال لا يلعبون بدرجـة واحـدة مـن الحيوية والنشاط كما لا يلعب الطفل نفسه في كل وقت بشكل أو نمـط واحـد لا يتغير وإذا عددنا أنّ اهتمامات الأطفال باللعب لها خط نمائي فليس من الضروري أن نعد لعـب الأطفـال يجري بصورة مطلقة إذ تتحكم فيه عوامل كثيرة متباينة ومختلفة منها ما يلي:

١. العامل البدني:

من المسلم به أنّ الطفل الصحيح بدنيا يلعب أكثر من الطفل غير السليم بدنيا كما أنه يبذل جهدا ونشاطا يفرغ من خلالهما أعظم ما لديه مـن طاقـة وتـدل ملاحظـات المعلمـين في المدارس الابتدائيـة والمشرفين عـلى دور الحضـانة ورياض الأطفـال إنّ الأطفـال الـذين تكـون تغذيتهم ورعايتهم الصحية ناقصة هم أقل لعبا واهتماما بالألعاب والدمى التي تقدم إليهم.

ولا شك أن مستوى النمو الحسي – الحركي في سن معينة عند الطفل يلعب دورا هامـا في تحديد أبعاد نشاط اللعب عنده فقد تبين أنّ الطفل الذي لا يملك القدرة على قـذف الكـرة والتقاطها لا يشارك أقرانه في الكثير من ألعاب الكرة كما أنّ النقص في التناسـق الحـركي عند الطفل ينتهي به إلى صده وإعاقته عـن ممارسـة الألعـاب التي تعتمـد بصورة أساسية عـلى التقطيع والتركيب والرسـم والزخرفـة والعـزف. وقد كشـفت الدراسـات التي أجريت عـلى استخدام مواد من لعب الأطفال أنّ اللعب يتوقف إلى حد كبير عـلى مستوى الاتسـاق العصبي العضلي الذي بلغه الطفل.

٢. العامل العقلي :

يرتبط لعب الطفل منذ ولادته بمستوى ذكائه فالأطفال الـذين يتصـفون بالـذكاء هـم أكثر لعبا وأكثر نشاطا في لعبهم من الأطفال الأقل مستوى مـن الـذكاء، كمـا يـدل لعبهم عـلى تفوق وإبداع أعظم وتبدو الفروق الفردية بين هذين النموذجين من الأطفال واضحة في نشاط لعبهم منذ العام الثاني فسرعان ما ينتقل الطفل الأكثر ذكـاء مـن اللعـب الحسي- إلى اللعـب الذي يبرز فيه عنصر الخيـال والمحاكـاة جليا واضحا عنـده ولا يتضح هـذا التطور في لعب الأطفال الأقل ذكاء إذ أنّ لعبهم يأخذ مع انقضاء الشهور والسـنوات شـكلا نمطيـا لا يـبرز مـن خلاله مظهر أساسي للتغير فيبـدو تخلفهـم عـن أقـرانهم مـن السـن نفسـها في نشـاط لعبهم وأنواعه وأساليب ممارستهم فيه.

أما بالنسبة لاختيار مواد اللعب وانتقائهـا فـإنّ الأطفال العـاديين أو ذوي المسـتويات الأعلى في الذكاء يظهرون تفضيلا لمواد اللعب التي تعتمد إلى حد كبير عـلى النشـاط التركيبي البنائي بنسبة أعلى من الأطفال ذوي العقول الضعيفة كمـا يهـتم الأطفال العـاديون والأذكيـاء بمواد لعبهم التي يختارونها فترة أطول وأكثر ثباتا من أولئك ضعاف العقول.

وقد دلت بعض الدراسات أنّ الأطفال الذين كانت نسب ذكائهم عاليـة في مرحلـة مـا قبل المدرسة قد أبدوا اهتماما واضحا بالأجهزة والمـواد التي تسـتخدم في الألعـاب التمثيليـة والفعاليات التي تتطلب الابتكار، وتصبح هذه الفروق بين الأطفال من النموذجين أكثر وضوحا كلما تقدمت بهم السن، ويبدي الأطفال المرتفعو الذكاء اهتماما بمجموعة كبيرة مـن نشـاطات اللعب ويقضون في ذلك وقتا أطول، ويكونون أكثر ميلا إلى الألعاب الفردية من ميلهم

إلى الألعاب الجماعية، وهم أقل اشتراكا في الألعاب التي تحتاج إلى نشاط جسمي قوي على عكس الأطفال ذوي الذكاء المتوسط كما أن النابهين يميلون إلى الألعاب الرياضية ويكون ميلهم أكثر إلى الألعاب العقلية وهم يستمتعون بالأشياء جميعها وتتكون لديهم هوايات مختلفة أكثر من الأطفال الآخرين. ويبدو عامل الذكاء عند الأطفال في القراءة خاصة، فالميل المبكر إلى القراءة والقدرة على القراءة يتجليان عند الأطفال ذوي النسب العالية من الذكاء، فيقضيـ الأطفال المرتفعو الذكاء في كل مرحلة عمرية وقتا أكبر في القراءة كما تنصب اهتماماتهم القرائية على أنواع معينة فيستمتع الأطفال الموهوبون بقراءة القواميس والموسوعات والعلم والتاريخ والأدب ولا يبدون اهتماما بالحكايات الخرافية مع أنهم يفضلون الروايات البوليسية على قصص المغامرات العنيفة.

٣. عامل الجنس :

تقوم في معظم المجتمعات فروق بين لعب الصبيان ولعب البنات وهذه الفروق تلقى التشجيع الإيجابي من الكبار ففي مجتمعنا يسمح لصغار الصبيان باللعب بعرائس أخواتهم دون سخرية أو اعتراض وقلما تقدم لهم عرائس خاصة بهم وإن كان يسمح لهم بدمى من الدببة والحيوانات المحنطة فالصبي في سن السابعة يحتمل أن يكون موضع سخرية إذا أكثر من اللعب بالدببة المحشوة ووضعها في مهد صغير خاصة إذا كرر ذلك مرات عدة وكذلك البنات يجدن المتعة بدمى السيارات والقطارات مع أن هذه الدمى قلما تقدم لهن هدايا والبنات الأكبر سنا لا يشجعن على القيام بالألعاب الخشنة، كما أنّ الصبيان الذين يهربون من الألعاب الخشنة أو يفضلون القراءة أو العزف على البيانو يتعرضون لأوصاف مختلفة ويختلف الصبيان

عن البنات اختلافا كبيرا فالأطفال بصفتهم أفرادا معرضون للمواقف المناسبة والوسائل التدريبية على اختلاف درجاتها فالصبيان في سن الثالثة بأميركا الشمالية أظهروا فروقا جنسية في الروح العدوانية وذلك من خلال لعبهم بالعرائس الصغيرة أما الصبيان في سن الرابعة فقد كان أكثر انشغالهم بالتهريج والأنشطة التي تعتمد على العضلات القوية بينما لجأت البنات إلى لعبة البيوت أو الرسم وقد أجريت دراسة أخلاقية حديثة على أطفال من الإنكليز في سن الثالثة فكانت نتيجتها أنّ الصبيان يمارسون لعبة الحرب أكثر من البنات وأن الضحك والقفز علامات تدل على أن مشاجرتهم ودية.

كما أجريت دراسة قديمة على أطفال أكبر سنا فوجد أنّ معظم ألعاب الأطفال يؤديها الجنسان من الصبيان والبنات كما وجد أنّ الاختلاف الأكبر ينحصر في طبيعة اللعب فالصبيان بصورة عامة أكثر خشونة ونشاطا من البنات على الرغم من وجود فروق بين الصبيان والبنات غير الناضجين جنسيا من حيث الوزن والطول والسرعة. وربما كان للتساهل الشديد مع سلوك الصبيان العدائي الخشن والذي يفوق التساهل مع البنات تأثير في نوع اللعب الذي يبرز بوضوح في كثير من مجتمعاتنا لكن الاختلاف في اختيار الألعاب عند الجنسين يتوقف على مقدار النشاط حتى في مرحلة قبل البلوغ واحتمال تشكله وتضاعفه أقرب من احتمال تكونه عن طريق التربية الاجتماعية.

ويظهر التنافس أكثر شيوعا بين ألعاب الصبيان منه عند البنات في سن العشرين ولا سيما الألعاب التي تتطلب المهارة العضلية والرشاقة والقوة ككرة القدم والمصارعة والملاكمة بينما كانت الزيارة والقراءة والكتابة والمكايدة وغيرها

من الألعاب التي تتضمن لغة أكثر شيوعا بين البنات منها بين الصبيان فيما بين سن الثامنة والخامسة عشرة. كذلك تبدو البنات أكثر مهارة لغوية في مقتبل العمر من الصبيان بينما يكن في حالة العدوان أكثر جنوحا إلى استعمال السنتهن من استعمال أيديهن ولعل الحرية التي يتمتع بها الصبيان في الخروج بعيدا عن البيت والإشراف الصارم على البنات هي التي تدفعهم إلى المجتمع وتجعل البنات أقل اعتمادا على أندادهن ففي دراسة أجريت في جنوب غربي المحيط الهادي دلت على أن معاملة الصبيان تختلف اختلافا كبيرا عن معاملة البنات بدءا من فترة الفطام فلقد كان الصبيان يبتعدون عن القرية ويلعبون في مجموعات تحت رقابة شاملة من الأفراد الكبار في القرية بينما تبقى البنات في البيت بالقرب من إحدى النساء الطاعنات في السن أمّا في أوروبا وأميركا فيسمح للبنات بقدر أقل من حرية الحركة ويكون الإشراف عليهن أكثر دقة ويغلب أن يحتفظ بهن قريبا من البيت أكثر من الصبيان وقد أظهرت دراسة حديثة عن الألعاب التي يمارسها الجنسان في أميركا أنه في الوقت الذي تؤدي فيه البنات الألعاب التي تعد (أنثوية) من الناحية التقليدية فإنّ ألعابا أخرى (رجولية) لم يبق فيها اختلاف بين الجنسين مثل كرة السلة وهناك دراسات أقدم من هذه كشفت عن اختلاف أكبر في لعب الصبيان إذا قورن بلعب البنات كما تغيرت الفروق في لعب الصبيان والبنات إلى حد ما خلال السنوات الأربعين الأخيرة.

٤. عامل البيئة :

يتأثر الأطفال في لعبهم بعامل المكان ففي السنوات الأولى يلعب معظمهم مع الأطفال الذين يجاورونهم في المسكن وبعد فترة يلعبون في الشوارع أو الساحات أو الأماكن الخالية القريبة من مسكنهم وبذلك يكون للبيئة التي

يعيشون فيها تأثير واضح في الطريقة التي يلعبون بها وفي نوعية الألعاب أيضا وإذا لم تتهيأ لهم أماكن ملائمة وقريبة من منازلهم للعب أو إذا لم تتوفر مواد اللعب المستخدمة في لعبهم فإنهم ينفقون وقتهم في التسكع أو يصبحون مصدرا للإزعاج وقد أوضحت العديد من البحوث والدراسات العلمية في مجال الأطفال، أنّ الأطفال الفقراء يلعبون أقل من الأطفال الأغنياء وربما يرجع السبب ولو جزئيا إلى الاختلاف في الحالات الصحية ولكنه يرجع بصورة أساسية إلى أنّ البيئات الفقيرة فيها لعب أقل ووقت أقل ومكان أضيق للعب من البيئات الغنية وفي مناطق الريف والصحراء تقل الألعاب بسبب انعزالها ولصعوبة تنظيم جماعات الأطفال كما تقل فيها أيضا أوقات اللعب وأدواته لأنّ الأطفال ينصرفون إلى مساعدة الوالدين في أعمالهم.

وللبيئة أثر واضح في نوعية اللعب فطبيعة المناخ وتوزعه على فصول السنة تؤثر في نشاط اللعب عند الأطفال فيخرج الأطفال للعب في الحدائق شتاء وذلك في المناطق المعتدلة بينما يقومون بالتزحلق على الجليد واللعب في الثلج في المناطق الباردة كما يتحدد الإطار الذي يلعب فيه الأطفال في الأماكن المغلقة في المناطق التي تشتد فيها الحرارة صيفا في حين ينتقل الأطفال إلى شواطئ البحر وحمامات السباحة في المناطق ذات الحرارة المعتدلة صيفا ومن الألعاب ما يختص بفصل معين من فصول السنة فلعبة كرة القدم تعد لعبة شتوية بينما السباحة تعد لعبة صيفية وقد تختلف اهتمامات الأطفال باللعب ومواده باختلاف البيئة فالأطفال في المناطق الساحلية تختلف اهتماماتهم عن الأطفال في

المناطق الداخلية أو الصحراوية كما أنّ الأطفال في البيئات الصناعية يهتمون بألعاب تختلف عن ألعابهم في البيئات الريفية

٥. العامل الاجتماعي والثقافي :

وكما يتأثر لعب الأطفال بالبيئة والجنس والحالة الجسمية والمستوى العقلي كذلك يتأثر أيضا بثقافة المجتمع وبما يسوده من عادات وقيم وتقاليد كما ترث أجيال الأطفال عن الأجيال السابقة أنواعا من الألعاب تنتشر في المجتمع وتشيع فيه وهي ألعاب كثيرة لا نجد ضرورة لذكرها في هذا المقام ويكشف تقرير الأمم المتحدة الذي أعد عام ١٩٥٣ عن ألعاب تقليدية تتكرر بين الأطفال في كثير من الشعوب فقد نجد على سبيل المثال إنّ لعبة الاختفاء تنتشر لدى الأطفال في كثير من البلدان الأسيوية والأوروبية والعربية. وللمستوى الاقتصادي دور رئيس في لعب الأطفال فالمستوى الاجتماعي والاقتصادي يؤثر في نشاطات اللعب كما وكيفا على السواء وإذا كانت هذه الفروق لا تتضح خلال سنوات الطفولة الأولى فإنها تظهر واضحة كلما تقدم الأطفال في السن فالأطفال الذين تكون أوضاعهم الاجتماعية والاقتصادية أعلى يكونون أكثر تفضيلا لنشاطات اللعب التي تكلف بعض الأموال كالتنس مثلا في حين أنّ الأطفال الذين تكون أوضاعهم الاقتصادية الاجتماعية أقل مستوى فإنهم يميلون إلى الألعاب الأقل تكلفة كألعاب كرة القدم (ونط الحبل) كما يتأثر الوقت المخصص للعب بالطبقة الاجتماعية فوقت اللعب المتاح للأطفال من الأُسر الفقيرة هو أقل من الوقت المتاح للأطفال من الأُسر الغنية ذلك لأنّ الأسر الفقيرة تشرك أبناءها في أداء بعض الأعمال والأعباء الاقتصادية.

وقد ظهر أنّ للطبقة الاجتماعية التي ينتمي إليها الطفل أثرا في نوع الكتب التي يقرؤها وفي الأفلام التي يراها والنوادي التي يرتادها فالأطفال الأغنياء يمارسون ألعابا ذات طابع حضاري كالموسيقى والفن والرحلات والمعسكرات في حين نجد أنّ الأطفال الفقراء ينفقون وقتا أعظم في مشاهدة برامج التلفزيون أو اللعب خارج المنزل كما أنّ للتوجيه القومي أثرا واضحا في نشاط اللعب وفي توجيه غاياته.

عادة ما تلعب التحديات التطورية للمراحل السابقة دورا في سياق توسع المحيط الاجتماعي وإعادة تشكلها من خلال ازدياد تعقد اللغة، وذلك بين عمر (٢و٥ سنوات)، مثال ذلك تحدي السيطرة على الذات في مواجهة محرض يحمل على الارتباك، وتعود هذه القضية التي تتكون منذ المراحل الأولى للعمر إلى الظهور عندما يواجه الطفل ملعبا مزدحما أو صفا دراسيا قبل المدرسة مكتظا. وإنّ الصراع بين الشعور بالاستقلال الآخذ بالنمو لدى الطفل وكل من المحددات الداخلية والخارجية يميز الحركات الرئيسية في هذا العمر. يتأثر هذا الصراع ويؤثر بدوره في مختلف ميادين التطور.

* التطور البدني:

يبطؤ النمو الجسمي والدماغي حوالي نهاية السنة الثانية من العمر، مع تناقص مرافق في المتطلبات الغذائية والشهية.   تناقص مرافق في المتطلبات الغذائية والشهية فالطفل بين عمري (٢و ٥ سنوات) يكسب وسطيا حوالي (٢ كغ) وزنا و (٧سم) طولا وذلك كل عام. ويتسطح بطن الطفل الدارج ويخفف تبارزه الموجود سابقا كما يصبح الجسم أكثر امتشاقا.   وتتزايد الفعالية الجسدية إلى   حدها الأقصى وتتناقص الحاجة إلى النوم إلى (١١-١٣ ساعة) يوميا بما

فيها فترة قيلولة نهارية واحدة تصل القدرة البصرية إلى ٢٠/٣٠ بحلول عمر (٣ سنوات) و(٢٠/٢٠) بحلول عمر (٤ سنوات). وتكون جميع الأسنان اللبنية العشرين قد بزغت بعمر ٣ سنوات يمشي معظم الأطفال مشية متزنة ويركضون بخطوات ثابتة قبل نهاية السنة الثالثة من عمرهم. وفضلا عن هذا المستوى الأساسي هناك تباين كبير في القدرات حيث يتسع مجال الفعاليات الحركية ليشمل: الرمي والتقاط وقذف الكرات، ركوب الدراجات، تسلق منشآت ساحات اللعب، الرقص، وأنماطا سلوكية معقدة أخرى. وتتباين أيضا وبشكل كبير المظاهر الأسلوبية لفعالية الحركات الكبيرة مثل السرعة والشدة والحذر، وذلك بتأثير ميول خلقية.

يعتمد تأثير مثل هذه الاختلافات الشخصية على التطور المعرفي والعاطفي جزئيا على متطلبات البيئة الاجتماعية. ينمو أطفال الأبوين اللذين يركزان على المنافسة ويقدمان فرصا عديدة للفعالية الجسدية نشيطين حركيا ومتعاونين، في حين ينمو أطفال الأبوين اللذين يركزان على اللعب الهادئ بشكل أقل فعالية حركيا، وأكثر ميلا للتفكير العقلاني. يتعزز تفضيل استخدام إحدى اليدين (يمين أو يسار) بعمر الثلاث سنوات، وقد ينتج الإحباط عن محاولات تغيير هذا التفضيل. تعكس تباينات تطور الحركات الدقيقة كلا من الميول الفردية والفرص المختلفة للتعلم عند الأطفال، فعلى سبيل المثال يطور الأطفال الذين يندر السماح لهم باستخدام الطباشير استخداما جيدا لمسك قلم الرصاص فيما بعد.

* ردود فعل الوالدين:

يثير التناقص الطبيعي في الشهية في هذا العمر القلق حول التغذية، ويجب طمأنة الأبوين وإخبارهم بأنه طالما أنّ النمو طبيعي فالوارد الغذائي كافي. ويعد الأبوان بشكل عام مسؤولين عن تقديم الغذاء الصحي الملائم للعمر وتقرير ذلك حسب الزمان والمكان، في حين يكون الطفل مسؤولا عن تحديد كمية الوارد الغذائي. يعدل الطفل عادة واردهم الغذائي حسب الاحتياجات الجسمية المتعلقة بالشعور بالجوع أو الشبع. قد تتباين الكميات المتناولة كل يوم، وأحيانا بشكل واسع، لكن هذه الكميات تبقى ثابتة نسبيا بفترة أسبوع. تعرقل محاولات الأبوين للتحكم بالوارد الغذائي للطفل مع هذه الآلية المنظمة ذاتيا، لأنّ الطفل قد يوافق وقد يتمرد على الضغط المطبق عليه، وتكون النتيجة فرط تناول الطعام أو نقصه.

يواجه الأطفال مبكري النضج حركيا وشديدي الانفعالية الحركية متزايدة من الأذية، ومن الضروري تقديم الإرشادات الباكرة لأبوي هذا الطفل حول ضرورة حماية الطفل في المنزل، الإشراف المستمر عليه، واستخدام خوذة الدراجة (مع البدء باستخدام الدراجة ثلاثية العجلات). قد يعكس اهتمام الأبوين حول (فرط فعالية الطفل) المحتملة توقعات غير ملائمة، أو زيادة المخاوف أو فرطا حقيقيا في الحركية. يحتاج الأطفال الذين يشاركون في فعاليات طائشة غير موجهة دون اعتبار واضح للسلامة الشخصية بيئة آمنة وضابطات ملائمة لأنشطتهم مع إشراف عن كثب، وقد تكون المعالجة النفسية والدوائية مفيدة

أيضا. يشاهد هذا النمط من الفعالية غير المميزة أحيانا عند الأطفال الذين عانوا من الاضطهاد أو الإهمال.

- اللغة والمعرفة واللعب :

تتضمن هذه الميادين الثلاثة الوظيفة الرمزية، وهي نمط للتعامل مع العالم يصبح مهما أكثر فأكثر خلال فترة ما قبل المدرسة.

١. اللغة:

يتسرع تطور اللغة أكثر ما يتسرع بين عمري (٢و٥ سنوات)، إذ يزيد عدد المفردات من (٥٠-١٠٠) إلى أكثر من ٢٠٠٠، ويتقدم تركيب الجملة من عبارات (برقية) من (٢-٣ كلمات) إلى جمل تشترك فيها جميع القواعد اللغوية الرئيسية. يجب التمييز بين الكلام (وهو إصدار أصوات مفهومة) واللغة (وهي الفعل العقلي الذي ينشئ الكلام). تتضمن اللغة وظيفتين تعبيرية واستقبالية، وتكون مشاكل الكلام بشكل عام أكثر استجابة للمعالجة من اضطرابات اللغة. يكون تباين اللغة الاستقبالية (فهم الكلام) أقل من تباين اللغة التعبيرية، ولذلك يستهدفها التقييم على اعتبارها أكثر مصداقية.

يعتمد اكتساب اللغة على كل من العوامل المحيطية بالطفل والعوامل الداخلية. إنّ كل من النمط الذي يوجه به الأبوان الأطفال، وكيفية طرح الأسئلة عليهم وإعطائهم الأوامر، ومدى اندماج الآباء في تعليم اللغة، وتوقعاتهم حول الكفاءة اللغوية للأطفال، تختلف من ثقافة إلى أخرى. لا يقلد الأطفال كلام الأبوين ببساطة، بل يستخلصون القواعد المعقدة للغة من اللغة المحكية حولهم بتكوين فرضيات ضمنية وتطويرها باطراد. أمثلة ذلك في اللغة المحكية حولهم

بتكوين فرضيات ضمنية وتطويرها باطراد. أمثلة ذلك في اللغة الإنكليزية إضافة حرف (S) إلى نهاية الكلمة للإشارة إلى الجمع أو إضافة (ed) للإشارة إلى الماضي هكذا بشكل عادي، مما يشير لوجود مثل هذه القواعد الضمنية.

هناك دلائل متزايدة على أنه بالرغم من أهمية التعرض للغة فالآلية الأساسية لاكتساب اللغة إلى الدماغ. يتضح الاستعداد الخلقي لإيجاد اللغة في دراسة أجريت على أيتام مصابين بالصمم رباهم بالغون لا يتعاملون بالإشارة، حيث طور هؤلاء الأيتام لغة إشارة خاصة بهم تتضمن كل القواعد اللغوية الأساسية.

تعد اللغة مؤشرا حاسما لكل من التطور المعرفي والعاطفي، وقد يتظاهر التخلف العقلي أو يلفت النظر إليه وجود تأخر بالكلام حوالي عمر السنتين، رغم ظهور علامات أبكر أهمل وجودها. يترافق اضطهاد الأطفال وإهمالهم مع تأخر اللغة وخصوصا القدرة على التعبير عن الحالات العاطفية. وبالعكس يساهم التأخر اللغوي في المشاكل السلوكية، والتعامل الاجتماعي، والتعلم. إذ تلعب اللغة دورا حاسما في تنظيم السلوك، ويتمثل ذلك في البداية من خلال تفهم (الكلام الخاص) في الذات، والذي يكرر الطفل من خلاله نواهي المربي البالغ ولاحقا من خلال تضمين (الكلام الخاص) في الذات والذي يكرر الطفل من خلاله نواهي البالغ سمعيا أولا وذهنيا فيما بعد. كما تتيح اللغة للطفل التعبير عن مشاعره مثل الغضب أو الإحباط، دون أن يقوم بتمثيل هذه المشاعر بأفعال، وبناء عليه تظهر لدى الأطفال المتأخرين لغويا معدلات أعلى من نوبات الغضب وباقي أنواع السلوك المتجسدة بأفعال خارجية.

يؤسس التطور اللغوي قبل المدرسة للنجاح التالي في المدرسة. وأنّ حوالي ٣٥% مـن الأطفال في الولايات المتحدة يدخلون المدرسة وتعوزهم المهارات اللغوية التي تعد المتطلبـات الأولية لاكتساب تعلم القراءة والكتابة وعلى الرغم من أن معظم الأطفال يتعلمون القراءة والكتابة في المدرسة الابتدائية فإن القواعد الأكثر أهميـة في ذلك تنشـأ في سـنوات مـا قبـل المدرسة، لـذلك يتعلم الأطفـال مـن خـلال التعامـل البـاكر والمتكـرر مـع الكلمـات المكتوبـة استخدامات الكتابة (سرد قصص أو إرسال رسائل) وأشكال الكتابة (مـن اليمـين لليسـار ومـن الأعلى للأسفل). تبدي الأخطاء الباكرة في الكتابة كما في أخطاء الكلام أنّ اكتساب تعلم القراءة والكتابة هو عملية فاعلة تتضمن توليد الفرضيات وتنقيحها. ومن هذه الفرضيات أنّ الكلمات التي تأخذ وقتا أطول للفظها (الكلمات الكبيرة) تحوي حروفـا أكثر بغض النظـر عـن هـذه الحروف، تلعب الكتب المصورة دورا خاصا في جعل الأطفال الصغار متآلفين مـع الكلمـة المكتوبة، بل وتفيد أيضا في تطور اللغة الملفوظة، فالقراءة بصوت مسموع بوجود طفل صغير هي عملية تفاعلية يركز فيها الأب القارئ اهتمام الطفل على صورة معينة، ويحث على صدور ارتكاس (بالسؤال: ما هذا؟)، كما يصحح الطفل ((تلقيم راجع)) (صحيح، هذا كلب))، ويتكرر هذا النهج: (سؤال تلقيم راجع) عدة مرات في سياق القراءة من الكتاب. عندما ينمو تخصـص الطفل ومحاكمته يزيد الأب من تعقيد المهمة ويسأل عن ميزات معينة (ما لون هذا الكلـب ؟) والأعمال اللاحقة (ماذا يريد الكلب أن يفعل ؟). ومما

يجعل هذه الممارسات في تعليم اللغة المثالية: عنصر المشاركة في الاهتمام، والمشاركة الفاعلة، و التلقيم الراجع الفوري، والتكرار، والصعوبة المتدرجة.

٢. المعرفة:

تتوافق مرحلة ما قبل المدرسة مع المرحلة ما قبل العملياتية (ما قبل المنطقية) (لبياجيت)، وتتميز بالتفكير المتعلق بالسحر، والتركيز على الذات، والتفكير الذي يغلب عليه الاستقبال. يتضمن التفكير المتعلق بالسحر اضطراب توافق المسببات، والأرواحية (إسباغ صفة الحركية على الحوادث والأجسام غير الحية)، واعتقادات غير موثوقة حول قوة الأمنيات والرغبات. يصدق الطفل ويؤمن بأنّ الناس يسببون نزول المطر بحملهم مظلات، أو بأنّ الشمس تغرب لأنها تتعب، أو بأنّ الشعور بالاستياء من أحد الأخوة يمكن بشكل سريع أن يمرض هذا الأخ. يشير التركيز على الذات إلى عدم قدرة الطفل على اتخاذ وجهة نظر أخرى ولا تتضمن معنى الأنانية، فقد يسعى الطفل لتهدئة انزعاج أحد البالغين بإحضار دمية حيوان مفضلة عنده لهذا البالغ. لهذا أوضح (بياجيت) سيطرة الاستقبال على المنطق بسلسلة سيطرة الاستقبال على المنطق بسلسلة شهيرة من التجارب(المحافظة). ففي إحداها كان الماء يصب ثم يعاد من مزهرية طويلة دقيقة إلى طبق عريض قليل العمق، وكان الأطفال يُسألون عن الوعاء الذي يحوي كمية أكبر من الماء، وقد أجاب الجميع من دون استثناء بأنه الوعاء الذي يبدو أكبر (وهو عادة المزهرية الطويلة)، حتى عندما استبعد الفاحص أي إضافة أو إنقاص للماء. يعكس سوء الفهم هذا فرضيات الأطفال الصغار حول طبيعة العالم إضافة لصعوبة التوجه العفوي لمظاهر متعددة معينة.

- أهمية وفوائد اللعب لدى الأطفال :

للعب فوائد عديدة يكتسبها الأطفال من النواحي الجسمية والعقلية والاجتماعية والخلقيـة والتربويـة، وفيما يأتي شرح لفوائد اللعب في حياة الأطفال.

١. من الناحية الجسمية:

اللعب نشاط حركي ضروري في حياة الطفل لأنـه ينمـي العضـلات ويقـوي الجسـم ويصرف الطاقـة الزائدة عند الطفل، ويرى بعض العلماء أنّ هبوط مستوى اللياقة البدنية وهزال الجسم وتشـوهاته هـي بعـض نتائج تقييد الحركة عند الطفل لأنّ البيوت الحالية المؤلفة من عدة طوابق قد حدت من نشاط الطفل وحركتـه فهو يحتاج إلى الركض والقفز والتسلق وهذا غير متوافر في الطوابق الضيقة المساحة فمـن خـلال اللعـب يحقـق الطفل التكامل بين وظائف الجسم الحركية والانفعالية والعقلية التي تتضمن التفكير والمحاكمات ويتدرب عـلى تذوق الأشياء ويتعرف على لونها وحجمها وكيفية استخدامها.

٢. من الناحية العقلية:

اللعب يساعد الطفل على أن يدرك عالمه الخارجي وكلما تقدم الطفل في العمر استطاع أن ينمي كثيرا من المهارات في أثناء ممارسته لألعاب وأنشطة معينة ويلاحظ أنّ الألعاب التـي يقوم فيها الطفل بالاستكشاف والتجميع وغيرها من أشكال اللعب الذي يميز مرحلـة الطفولـة المتأخرة تثري حياته العقلية بمعارف كثيرة عن العالم الذي يحيط به يضاف إلى هذا مـا تقدمـه القراءة والرحلات والموسيقى والأفلام السينمائية والبرامج التلفزيونية من معارف جديـدة وفي إحدى الدراسات التي أجريت على أطفال الرياض والمدارس الابتدائية في

بريطانيا في سن (٤-٧ سنوات) لوحظ أنّ الأطفال الذين أبدوا اهتماما خاصا باللعب بالسفن وبنائها ونظام العمل فيها ازدادت حصيلتهم اللغوية.

وخلاصة الأمر يجب تنظيم نشاط اللعب على أساس مبادئ التعلم القائم على حل المشكلات وتنمية روح الابتكار والإبداع عند الأطفال.

٣. من الناحية الاجتماعية :

إنّ اللعب يساعد على نمو الطفل من الناحية الاجتماعية ففي الألعاب الجماعية يتعلم الطفل النظام ويؤمن بروح الجماعة واحترامها ويدرك قيمة العمل الجماعي والمصلحة العامة. وإذا لم يمارس الطفل اللعب مع الأطفال الآخرين فإنه يصبح أنانيا ويميل إلى العدوان ويكره الآخرين لكنه بوساطة اللعب يستطيع أن يقيم علاقات جيدة ومتوازنة معهم وأن يحل ما يعترضه من مشكلات (ضمن الإطار الجماعي) وأن يتحرر من نزعة التمركز حول الذات.

٤. من الناحية الخلقية :

يسهم اللعب في تكوين النظام الأخلاقي المعنوي لشخصية الطفل فمن خلال اللعب يتعلم الطفل من الكبار معايير السلوك الخلقية كالعدل والصدق والأمانة وضبط النفس والصبر. كما أنّ القدرة على الإحساس بشعور الآخرين تنمو وتتطور من خلال العلاقات الاجتماعية التي يتعرض لها الطفل في السنوات الأولى من حياته.

وإذا كان الطفل يتعلم في اللعب أن يميز بين الواقع والخيال فإنّ الطفل من خلال اللعب وفي سنوات الطفولة الأولى يظهر الإحساس بذاته كفرد مميز فيبدأ في تكوين صورة عن هذه الذات وإدراكها على نحو متميز عن ذوات الآخرين رغم اشتراكه معهم بعدة صفات.

٥. من الناحية التربوية :

لا يكتسب اللعب قيمة تربوية إلاّ إذا استطعنا توجيهه على هذا الأساس لأنه لا يمكننا أن نترك عملية نمو الأطفال للمصادفة فالتربية العفوية التي اعتمدها (روسو) لا تضمن تحقيق القيمة البنائية للعب وإنما يتحقق النمو السليم للطفل بالتربية الواعية التي تضع خصائص نمو الطفل ومقومات تكوين شخصيته في نطاق نشاط تربوي هادف وقد أجريت دراسات تجريبية على أطفال من سن (٥-٨ سنوات) في (١٨) مدرسة ابتدائية وروضة أطفال منها (٦) مدارس تجريبية تقوم على استخدام نشاط اللعب أساسا وطريقة للتعليم وقد تراوح وقت هذا النشاط ما بين ساعة إلى ساعة ونصف الساعة يوميا و(١٢) مدرسة تؤلف المجموعة الضابطة التي لم يكن فيها تقريبا توظيف للعب نشاطا للتعلم.

وكشفت نتائج مجموعة المدارس التجريبية عن مستويات متقدمة للنمو في جوانب شخصية الطفل كلها مقارنة بالمستويات الأقل التي ظهرت لدى المجموعة الضابطة ويمكننا تلخيصها فيما يلي:

١. نمو مهارة جمع المواد بحرص ودأب (عند الطفل) لكي يجعل منها شيئا تعبيريا يثير اهتمامه وشغفه.

٢. الرسم الحر بالأقلام والتعبير الحر عما يراود (الطفل) من أفكار في رسومه

٣. نمو مهارة الإجابة عن الأسئلة الموجهة إلى الأطفال وتكوين الجمل المفيدة والتعبير الحر المباشر عن أفكارهم.

٤. نمو مهارة عقد علاقات قائمة على الصداقة والود مع الأطفال والكبار ممن لا يعرفونهم.

٥. سلوك اجتماعي ناضج في علاقاتهم مع الأطفال الآخرين.

٦. التمكن من مهارات الكتابة بسرعة ونظافة وإتقان.

٧. القدرة على تركيز الانتباه على الأعمال المطلوب القيام بها من قبل الأطفال.

٨. اكتساب مهارات جسمية حركية والإفادة من تدريبات الألعاب الرياضية.

٩. الانتظام في إنجاز الأعمال والواجبات المطلوبة منهم بدقة وفي المواعيد المحددة.

١٠. زيادة الحصيلة اللغوية والقدرة على التعبير عن موضوعات معينة.

وقد اهتمت العديد من الباحثين بلعب الأطفال وأقاموا العديد من التجارب التي تتحدث الظاهرات والشخصيات وحب الأطفال للاستطلاع.

وكانت النتيجة أن الأطفال من سن (٥-٦) سنوات ويبلغ عددهم (٩٠) طفلا استطاع (٤٦) منهم أن ينقلوا مضمون القصة إلى لعبهم وأن (١٥) من الأطفال استطاعوا أن ينقلوا إلى حد ما مضمون القصة في لعبهم وأن (١٥) من الأطفال استطاعوا أن ينقلوا إلى حد ما مضمون القصة في لعبهم. في حين أنّ (٢٩) من الأطفال لم يستخدموا إطلاقا مضمون القصة في لعبهم.

وهكذا نرى أنّ اللعب يصبح وسيطا تربويا إذا خضع لأهداف تربوية محددة تحقق في إطار خبرات تربوية منظمة وفي هذه الحال يصبح للعب مدخل وظيفي لتعلم الأطفال تعلما فعالا.

الفصل الثامن
التربية الحركية للأطفال

- الوعي بالفراغ

- الوعي بالجسم

- نوع الحركة

- العلاقات الحركية

- الحركات الأساسية

- الحركات الانتقالية

- حركات التعامل مع الأداة أو الزميل

الفصل الثامن

التربية الحركية للأطفال

لقد أكد العديد من الباحثين في مجال التربية الحركية على ضرورة التعرف على مفهوم الحركة، وعلى تقسيم مجالات تعلم الأطفال، وخاصة المجال النفس - حركي، ومن أجل زيادة معرفتنا بالحركة كان لابد من التعرف على الحركة، وذلك لأنّ الحركة تكون قاصرة بغير إدراك واضح لأبعادها زمانا، ومكانا، وسرعة، وجهدا، واتجاها ومدى، ومسارا. وتكاملا مع غيرها من الحركات.

ولقد تم تحديد جوانب الحركة وأبعادها كما يأتي:

أولا: الوعي بالفراغ أين يتحرك الجسم ؟

ثانيا: الوعي بالجسم ما الذي يستطيع الجسم عملة ؟

ثالثا: نوع الحركة كيف يتحرك الجسم ؟

رابعا: العلاقات الحركية مع ماذا يتحرك الجسم، ومع من يتحرك الجسم؟

والإجابة على هذه التساؤلات الأربعة سوف توضح لنا ما تحرص عليـة بـرامج التربيـة الحركية الإدراكية على تنميته في الطفل، وخاصة في مرحلة رياض الأطفـال والمرحلـة الابتدائيـة، وهي كما يلي:

- الوعي بالفراغ أين يتحرك الجسم ؟

عندما يتحرك الطفل، فأنه يجب أن يتعرف على حجم ونمط الفراغ الذي يشغله جسمه، بالإضافة إلى قدراته على تكوين صورة سليمة الاتجاه والمستوى والمسار الذي يتخذه الجسم في حركته، وذلك حتى يكون لديه وعيا بالمكان الذي يتحرك فيه، والوعي بالفراغ يتضمن النقاط التالية:

١. الفراغ: **جميع الحركات تتم في الفراغ أو المجال، وهناك نوعان من الفراغ هما:**

أ- الفراغ الخاص: **وهو أكبر فراغ حول الطفل وهو في وضع الوقوف أو السكون، وهو يتضمن الفراغ الذي يستطيع الطفل أن يصل إليه بالمد عرضا. وبالإمتطاط أو الالتواء.**

ب- الفراغ العام: **وهي المساحة الكلية التي يمكن للطفل أن يتحرك فيها هو وزملائه دون اصطدام مع مراعاة عامل الأمن والسلامة، وهذا الفراغ قد يكون الملعب أو ساحة اللعب أو صالة الجمباز أو حمام السباحة.**

٢. الاتجاه : **وهو قدرة الطفل على إن يعطي أبعادا لتحديد موقع الأشياء أو الأشخاص بالنسبة له في مكان ما، وهذه القدرة تعني مختلف التغيرات في الاتجاه إثناء الحركة في الفراغ، مثل الاتجاهات (يمينا - يسارا - إماما - خلفا - عاليا - أسفلا - داخلا - خارجا - قطريا) أو تشكيلة من هذا كله.**

والوعي الاتجاهي على جانب كبير من الأهمية كعنصر في التربية الحركية وأداة من أدواتها، وذلك لأنّ قابلته تحرك الطفل في مختلف الاتجاهات من الأمور الهامة لنجاح الطفل في بعض الأنشطة كالألعاب والرقص والجمباز.

٣. المستوى : **وهو قدرة الطفل على أن يحرك جسمه من خلال مستويات أفقية مختلفة، فقد تكون عالية، أو متوسطة، أو منخفضة.**

٤. المسار: **هو قدرة الطفل على أن يحرك جسمه من مكان لآخر في الفراغ العام، أو أن يحرك جزء من جسمه خلال الفراغ الخاص.**

ومسار الحركة من الأمور المعرفية التي توضح للطفل أحد الأبعاد الفنية في الأداء الحركي.

- الوعي بالجسم ما الذي يستطيع الجسم عمله ؟

وهو قدرة الطفل على تميز أجزاء جسمه بمزيد من الدقة والوضوح وذلك لأنّ جميع الجوانب المتصلة بالحركة وإمكانياتها إنما ترجع إلى مدى إمكانيات جسم الإنسان وبزيادة وعي الطفل بجسمه وقدراته على تميز أجزائه والعلاقة بين أجزاء جسمية بعضها ببعض وبالجسم كله يمكن إيضاحات في ثلاث مجالات هي:

١. **قدرة الطفل لما يمكن أن تقوم به أجزاء جسمه. وأجزاء أجسام غيره.**

٢. **معرفة الطفل لما يمكن أن تقوم به أجزاء جسمه. وذلك يتم بالتركيز على أجزاء حركة من الحركات وقدرة الجسم العضلية على القيام بها.**

٣. **معرفة الطفل لكيفية رفع كفاءة أجزاء الجسم في أداء حركة من الحركات، بالإضافة إلى إعادة تنظيم أجزاء جسمه لأداء مهمة حركية معينة.**

وهذا النوع من الوعي يمكن تنميته مبكرا في رياض الأطفال وفي الصفوف الثلاثة الأولى بالمرحلة الابتدائية من خلال دروس في التربية الحركية، وذلك بتوضيح أجزاء الجسم ووظائفها ما أمكن حتى يتشكل وعي الطفل

بجسمه ويقوم المعلم بإعطاء تعليمات أو نداءات بجزء محدد من الجسم ويقـوم كـل طفل بتحديده أو تحريكه.

- نوع الحركة كيف يتحرك الجسم ؟

لكل حركة من الحركات خصائص وصفات معينة تتضمن: الزمن – الإنسانية – الجهد – الفراغ – بالإضافة عوامل أخرى تؤثر في حركة الجسم مثـل: شـكل الجسـم، وعلاقتـه بـالأجزاء، وعلاقة الجسم بأجسام الأفراد والأشياء المحيطة به.

١. الزمن: إنّ الوعي الزمني للطفل له نفس الأهمية بالوعي المكاني. ومـن المهـم أن يـتعلم الأطفـال العمل بكفاءة في المسافة الزمنية مثلما يتعلمون في المساحة المكانية.

ويرتبط الزمن بسرعة أداء الحركة ويتنوع ويتفاوت مـا بـين أداء حركـي سـريع، وأداء حركي بطيء قد يتنوع الزمن ما بين سريع وبطيء في إطار أداء مهمة حركية معينة.

ووعي الطفل بالزمن ينمي لديه التميز بين السرعات المختلفـة والأداء بسـرعة منتظمـة، هذا بالإضافة إلى تنمية إحساسه بالتوقيت والإيقاعات السمعية.

٢. الجهد: وقد يطلق عليه البعض مصطلح القوة، وهو يوضح لنا مـدى إمكانيـة الفـرد في التغلـب عـلى مقاومة ما، سواء كانت هذه المقاومة مقاومة الجسم أو مقاومة أشياء أخرى، وهي عادة ينـتج عـن الانقباض العضلي.

وتتنوع درجة الجهد المبذول أو القوة المبذولة مـا بـين (مرتفعـة – عاديـة - خفيفـة – متنوعة) ويتوقف ذلك على نوع الحركة، وذلك لأنّ المهمات الحركية تتطلب درجـات متفاوتـة ومتنوعة من القوة، كما أنه يجب مراعاة بذل القوة أو

الجهد المناسب في التوقيت الزمني المناسب، فالطفل الذي يمرر الكرة للزميل في الهجوم الخاطف في كرة السلة يحتاج إلى بذل قوة أكثر عمّا إذا كان يقوم بتمرير الكرة لزميل قريـب منه.

٣. الانسيابية: تعني الانسيابية استمرارية الأداء بتوافق الحركات، ولكي تـتم الانسيابية بدرجـة جيدة يجب التحكم والسيطرة على القوى الداخلية والخارجية حتى يتم الانتقال الحركي السليم بين الحركات المختلفة في المهمة الحركية، والانسيابية نوعان هما:

أ- الانسياب الحر: وهذا يعني أنّ الحركة مستمرة.

ب- الانسياب المفيد: وهذا يعني قطع الحركة مع عدم الإخلال بالتوازن العام للحركة. وتعتبر الانسيابية في أداء الحركات محصلة إدراك الطفل بـالوعي بالجسـم، وبـالفراغ، بالمكان، وبالزمان، وتقنين الجهد في إخراج القوة.

٤. شكل الجسم: شكل الجسم هو وضع في الفراغ، والحركة ما هـي إلاّ تغير أشكال الجسـم في الأداء، وهذا يعني أنّ الطفل يجب أن يكون قادرا علـى الـتحكم والسيطرة علـى أجزاء جسمه للتغير من شكل لآخر بخفة وانسيابية، بالإضافة إلى عـدم الإخلال بـالتوازن العـام للحركة، ومثالا لذلك: لاعب الجمباز على جهاز حصان القفز، فإنه يجري مسافة الاقتراب بسرعة متزايدة ثم الارتقاء على سلم القفز وأخذ وضع التكور أو الـدوران حـول المحـور الأفقي للجسم دورة أو دورة ونصف ثم يعمـد إلى فـرد الجسـم والهبـوط مـع الـتحكم والسيطرة على شكل الجسم في وضع الاتزان والثبات.

- العلاقات الحركية مع من يتحرك الجسم؟ أو مع ماذا يتحرك الجسم؟

يتم تحرك الطفل في الفراغ أما بمفردة بدون أدوات، أو يتحرك مفردة بأدوات أو يتحرك مع غيرة من الأطفال. ولقد سبق توضيح تحرك الطفل ووعيـه بـالفراغ، أمّـا العلاقـات الحركيـة بصدد توضيحها فهي نوعان هما:

١- علاقات الطفل مع الأشياء.

٢- علاقات الطفل مع الزميل.

١. علاقات الطفل مع الأشياء: هناك نوعان أساسين للعلاقات مع الأشياء هما:

أ- علاقات تناول يدوي: وهي تعني تعامل الطفـل مـع الأدوات مثل الكـرات بجميـع أحجامها وأوزانها. والعصي، والصولجانات، والأعلام، والأطواق الصغيرة والكبيرة، وأكيـاس الحبـوب، والاحبال وغيرها.

ب-علاقات غير تناول يـدوي: وهي تعني تعامل الطفل مع أدوات لا يمسكها بيديه، ولكـن يتحـرك فوقها أو تحتها أو بينها مثل: الجـري الزجـاجي بـين الصـولجات، والمشي- فـوق عارضـة التوازن، الجري فوق سويدي الوثب فوق عصي. الوثب بالقدمين معـا داخـل الأطـواق, تنطيط الكرة في شكل زجاجي بين الأقماع، الوثب فـوق عارضـة الوثب العـالي، المـروق أسفل العارضة. تمرير الكرة على الحائط.

٢. العلاقات مع الزميل: هناك مهمات حركية يمكن أن يؤديها الطفل بمفردة، ومهمات حركية أخرى تتطلب أن يؤديها الطفل بمفردة، ومهمـات حركيـة أخرى تتطلـب أن يتعامـل الطفل مع غيره من الأطفال، بل يجب أن ينسجم أدائه. ويتعاون معهم تعاونـا مثمـرا للحصول على أفضل النتائج ومثالا لذلك أنشطة الألعاب الجماعيـة والفـرق الرياضـية، الأداء الجماعي في العروض الرياضية، الأداء الجماعي في العروض الرياضية، الألعـاب الصغيرة، سابقات القاطرات.

شكل (٢٩) / جوانب الحركة حسب تصنيف لابان

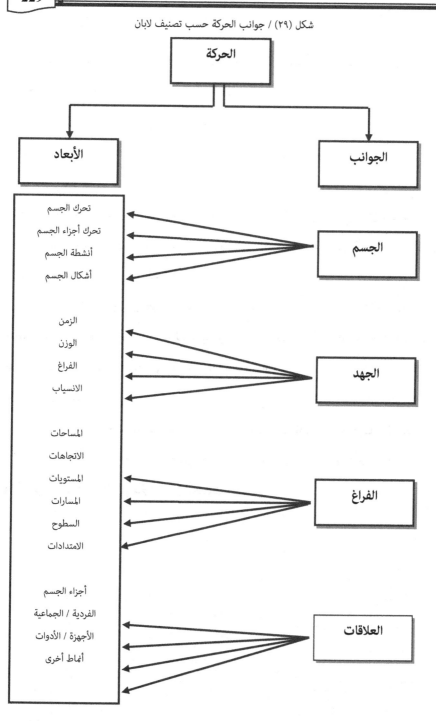

- الحركات الأساسية:

من اجل توضيح الحركات الأساسية فإنه يجب إلقاء الضوء على النمو الحركي للطفل، وملاحظة سلوكه الحركي أثناء نموه وهذه الملاحظة تتم طوليا على مدى شهور وسنوات متتالية في حياة الطفل، وتتم عرضيا مع غيرة من الأطفال في عمر أو لحظة معينة والسلوك الحركي للطفل يتضح في مجموعة الحركات أو المهارات الحركية التي يقوم بها.

والنمو الحركي: هو عبارة عن التغيرات التي تطرأ على السلوك الحركي للطفل خلال حياته، وهذه التغيرات يعبر عنها بمجموعة من الحركات والمهارات والقدرات الحركية التي يمكن ملاحظتها.

وتمثل الحركات الأساسية، الأساس لتطور النمو الحركي لمرحلة الطفولة برياض الأطفال والمرحلة الابتدائية. وينظر إلى الحركات الأساسية على أنها المفردات الأولية الأصلية في حركة الطفل، تعرف بأنها عبارة عن حركة تؤدي من أجل ذاتها، ويجب الاهتمام بإكساب الطفل حصيلة جيدة من مفردات الحركات الأساسية في مرحلة رياض الأطفال والثلاث صفوف الأولى من المرحلة الابتدائية وإكسابه المهارات المتعلقة بالرياضات وألعاب الفرق في الصفوف الرابع والخامس والسادس الابتدائي.

ولقد درج على تقسيم الحركات الأساسية إلى أربعة أُقسام. وهي الحركات الانتقالية. والحركات غير الانتقالية وحركات التعامل مع الإدارة أو الزميل، والحركات المتعلقة بالرياضات والألعاب. والشكل التالي يوضح تقسيم الحركات الأساسية:

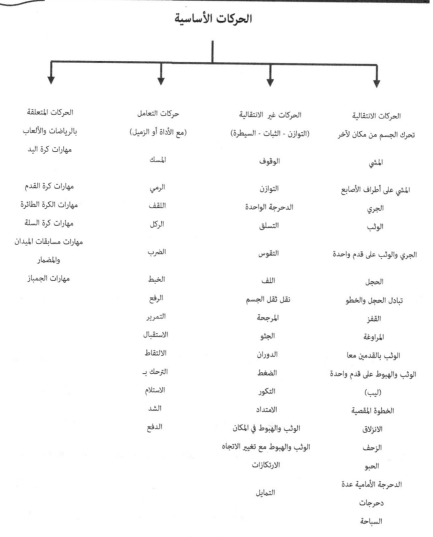

الحركات الأساسية

الحركات الانتقالية تحرك الجسم من مكان لآخر	الحركات غير الانتقالية (التوازن - الثبات - السيطرة)	حركات التعامل (مع الأداة أو الزميل)	الحركات المتعلقة بالرياضات والألعاب
المشي	الوقوف	المسك	مهارات كرة اليد
المشي على أطراف الأصابع	التوازن	الرمي	مهارات كرة القدم
الجري	الدحرجة الواحدة	اللقف	مهارات الكرة الطائرة
الوثب	التسلق	الركل	مهارات كرة السلة
الجري والوثب على قدم واحدة	التقوس	الضرب	مهارات مسابقات الميدان والمضمار
الحجل	اللف	الخبط	مهارات الجمباز
تبادل الحجل والخطو	نقل ثقل الجسم	الرفع	
القفز	المرجحة	التمرير	
المراوغة	الجثو	الاستقبال	
الوثب بالقدمين معا	الدوران	الالتقاط	
الوثب والهبوط على قدم واحدة (ليب)	الضغط	الترحك بـ	
الخطوة المقصية	التكور	الاستلام	
الانزلاق	الامتداد	الشد	
الزحف	الوثب والهبوط في المكان	الدفع	
الحبو	الوثب والهبوط مع تغيير الاتجاه		
الدحرجة الأمامية عدة دحرجات	الارتكازات		
السباحة	التمايل		

شكل (٣٠)

تقسيم الحركات الأساسية

- الحركات الانتقالية :

في نهاية تدريس الوحدة يصبح الطفل قادرا على تحقيق الأهداف التالية:

* الأهداف النفسية - الحركية والإدراكية:

- **يتحكم الطفل في قوة الحركة عند بدء وإنهاء الحركات الانتقالية بالطريقة الصحيحة (تبعا لآلة الملاحظة) عند الإشارة.**
- **تغير الاتجاهات بسرعة في الفراغ العام دون الاصطدام بالآخرين.**
- **يؤدي الطفل حركتين من الحركات الانتقالية المقررة على الأرض في اتجاهات ومستويات وخطوط سير متنوعة وتبعا لإيقاع معين**
- **يثب الأطفال إمام استخدام مراحل الوثب الطويل مسافات متدرجة تبعا للفروق الفردية والسن وتبعا للمعيار المحدد.**
- **يثب الطفل عاليا ارتفاعات متدرجة تبعا للفروق الفردية والسن باستخدام مراحل الوثب وتبعا للمعيار المحدد.**
- **يستطيع الطفل التحكم في قوة الحركة عند بدء وانتهاء حركة انتقالية.**
- **يؤدي الدحرجة الأمامية بالطريقة الصحيحة وبأنٍّ يابية مرتين متتاليتين تبعا لأدلة الملاحظة.**
- **يربط الطفل بين الدحرجة الأمامية والدحرجة الخلفية.**
- **يثب بالحبل باستمرار لمدة (١٠ث) مظهراً توافقا بين العين واليدين والرجلين.**

* الأهداف المهارية:

- التميز بين الاتجاهات.

- معرفة قدم الارتقاء

- معرفة الفراغ العام

- معرفة بعض الأسس الفنية لأداء الوثب.

- معرفة بعض الأسس الفنية لأداء دحرجة الأمامية.

- معرفة بعض الأسس الفنية لأداء الدحرجة الخلفية.

- معرفة فائدة النشاط الحركي على الصحة.

- التميز بين الحركات الانتقالية وغير انتقالية.

- معرفة بعض المظاهر الخارجية الناتجة عن المجهود البدني (سرعة دقات القلب – سرعة التنفس – العرق).

- ذكر ٣ مصطلحات خاصة بالحركات الانتقالية.

- تعرف عناصر الإدراك الحركي (أجزاء الجسم، الاتجاهات – المستويات – خطوط سير الحركة – الفراغ العام – الفراغ الخاص).

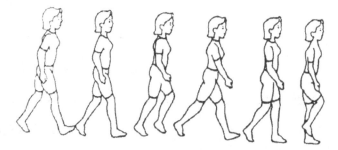

شكل (٣١) / الحركات الأساسية الانتقالية

* الأهداف الانفعالية:

- يرتدي الطفل الزي الرياضي النظيف بالدرس.

- يصغي الطفل إلى المعلم أثناء الشرح.

- يتوقف الطفل عن الأداء بسرعة عند الإشارة.

- يبدي الطفل تعاونا في إعداد الأدوات ورفعها بعد الدرس.

- يتقيد الطفل بتعليمات المعلم والقائد

- يتكيف الطفل مع المجموعة والفريق أثناء ممارسة النشاط الحركي.

- يظهر الطفل مشاعر ايجابية نحو دروس التربية الحركية ومعلميها.

ولتحقق هذه الأهداف يجب على معلم التربية الحركية عند تعليم وحدة الحركات الانتقالية مراعاة التدرج في الصعوبة مراعاة لسن الأطفال ولقدراتهم الأدائية. وبذلك يجب أن يتم ذلك كما يلي:

أ-   الحركات الانتقالية (السابق تحديدها) على الأرض بقيادة الأطراف السفلى.

- الحركات الانتقائية في اتجاهات مختلفة.

- الحركات الانتقائية في خطوط متنوعة.

- بدء وأنها الحركات الانتقالية تبعا للإشارة.

- الحركات الانتقائية تبعا لإيقاع معين.

- الحركات الانتقالية وتغير الاتجاه بسرعة تبعا للإشارة مع الاحتفاظ بالاتزان.

- ربط حركتين بانسيابية.

- ربط حركتين أو أكثر بانسيابية تبعا لإيقاع معين.

ب- الحركات الانتقالية بقيادة الجسم كله (الدحرجة – الزحف)

- الدحرجة الأمامية تبعا للتوافق الأول.

- الدحرجة الأمامية بالطريقة الصحيحة

- الدحرجة الأمامية بالطريقة الصحيحة وبانسيابية

- الدحرجة الأمامية من بدايات وإلى نهايات مختلفة.

- الدحرجة الأمامية بالطريقة الصحيحة وبانسيابية مرتين متتاليتين

- الدحرجة الخلفية تبعا للتوافق الأول

- الدحرجة الخلفية على سطح مستوى

- الدحرجة الخلفية من بدايات وإلى نهايات مختلفة

- الدحرجة الخلفية بالطريقة الصحيحة وبانسيابية مرتين متتاليتين.

- ربط الدحرجة بالدحرجة الخلفية

- ربط الدحرجة الأمامية بالدحرجة الخلفية بميزان الركبة

ج- الوثب بالقدمين أماما عاليا.

- الوثب بالقدمين معا مسافة ٧٠سم ثم ٨٠سم ثم ٩٠سم ثم ١٠٠سم وهكذا حسب الفروق الفردية.

- الوثب بالأقدام المميزة أماما عاليا.

- الوثب عاليا باستخدام مراحل الوثب مع ازدياد الارتفاع ٣٠سم ٤٠سم ٥٠سم ٥٥سم ٦٠سم ٦٥سم ٧٠سم وهكذا.

- الوثب بالحبل تبعا للتوافق الأول.

- الوثب بالحبل وبالانتقال ٥ وثبات.

- عمل مسابقة في الوثب بالحبل لمسافة ١٠متر والعودة ثم بتزايد المسافة

- **الوثب بالحبل والانتقال لمدة ١٠ ثواني.**

- حركات التعامل مع الأداة أو الزميل:

* الأهـداف المهارية:

- **دحرجة أدوات مختلفة الأشكال والأوزان، كرات خفيفة - كرات طبية - أطـواق - حلـق - كرات تنس.**

(يؤكد المعلم عن طريقة الأداء ومقدار القوة المبذولة لدحرجتها أكبر مسافة ممكنة).

- **تطبيق في شكل مسابقة.**
- **حمل أشياء أو زميل لمسافات مختلفة ليدرك القوة المبذولة في كل منها.**
- **تطبيق في شكل مسابقة.**
- **رفع أشياء مختلفة الأحجـام مـن أسـفل إلى أعـلى تسـتخدم المقاعـد السـويدية - الكـرات الطبية، أكياس حبوب.**
- **شد أشياء أو أشخاص متدرجا في العدد.**
- **دفع أشياء مختلفة (حائط - ارض).**
- **رمي أدوات متنوعة، كرات خفية - أكياس حبوب - كرات طيبة.**
- **تحسين المهارات السابقة مع زيادة الأوزان المستخدمة في الأدوات عند تطبيق مهـارات الدحرجـة والحمل والرفع وتطبيقها في شكل مسابقات لإنتاج قوة أكبر.**
- **رمي أدوات متنوعة لأعلى لنفسه من التحكم فيها دون فقدها ٣ مرات على الأقل بأساليب مختلفة ثم ٤ مرات ثم ٥ مرات هكذا.**
- **باليمين - بيد واحدة - مع الصفق**

- من أوضاع مختلفة مثل الوقوف – الجلوس الطويل، والقرفصاء.

- التمرير والاستقبال (الرمي واللقف).

- بين زميلين باليدين.

- بين زميلين بيد واحدة.

- تنويع مستويات التمرير (أعلى الرأس – مستوى الصدر – أسفل الحوض – على الأرض.

- رمي ثقل كرة طبية زنة ١٠٠جم ولأبعد مسافة ممكنة، زيادة الثقل ٢٠٠ جم ثم ٣٠٠ جـم وهكذا

- التمرير لزميل أو أكثر أو أكثر بأساليب مختلفة (أعلى الـرأس – مستوى الصـدر – مـن الكتف – الكرة المرتدة).

- من أوضاع مختلفة (الوقوف – الجلوس الطويل)

- استخدام كرات مختلفة الأوزان والإحجام.

- يرمي الطفل كرة لأعلى ولنفسه بأساليب متنوعة والتحكم فيها ٦ مرات على الأقل.

- التمرير والاستقبال بين زميلين على مسافة ٥.١ متر.

- التحكم في أداء أو أكثر لتنمية التوافق بين العين واليد، يرمى لأعلى (كرتين) ثم زيـادة فـترة التحكم كلما كبر الصف الدراسي.

- تمرير بالون لأعلى بالأصابع مع الاحتفاظ به بدون فقد الكرة ٣ مرات على الأقل ثم ٤ ثم ٥ من أوضاع مختلفة (الوقوف – الجلوس الطويل – الرقود)

- مع التركيز على ثني الركبتين وفردها في كل مرة – استقبال البالونـات أمـام الوجـه ثم فـرد الذراعين في كل مرة يمر البالون على الحائط

- التمرير لزميل أكثر باستخدام أنواع مختلفـة مـن التمريـرات – وكـرات متنوعـة الأحجـام والأوزان من أوضاع مختلفة.

- تطبيق في شكل مسابقات والعاب صغيرة.

- التمرير لزميل والجري لاكتساب مسافة.

- تنطيط كرة كبيرة من الوقوف ثم تنطيط الكرة من المشي ثم الجـري وتنطـيط كـرة اصـغر، ثم التنطيط بالجري ثم التمرير.

- التصويب بكرة كبيرة على أهداف كبيرة نسبيا (صندوق أو مقعد) مـن مسـافة ١،٥مـتر ثم تتدرج المسافة.

- تطبيق في شكل العاب صغيرة ومسابقات.

- تطبيق بكرة صغيرة على أهداف مختلفة الأحجام من مسافة ٢ متر وهكذا.

- العاب صغيرة يطبق فيها الطفل مهارات التمرير.

- التنطيط – التصويب ولها شروط مبسطة.

- ركل الكرة بباطن القدم من مسافة ٥.١ متر ثم تزداد المسافة.

- يستقبل الزميل الكرة ثم يمررها.

* الأهداف المعرفية:

- يميز الطفل بين الأوزان والأحجام التي يحركها عند الحمل أو الدحرجة أو الشد أو الدفع.

- يسمي المهارات التي يؤديها.

- التعرف على الأسس الفنية المرتبطة بالشد والدفع والحمل والرفع والتي تتضمن الأمن والسلامة.

- يتعرف على أنواع التمريرات المختلفة ومستوياتها

- يسمى الألعاب التي تطبق التمريرات المختلفة.

- يتعرف على المفاهيم الخاصة بالرمي، التسلسل الحركي، وانتقال القوة حتى الذراع الرامية.

- يتعرف على الأسس الميكانيكية لإنتاج أكبر قوة عند الشد، الدفع، ثبات قاعدة الارتكاز، خط القوة مستقيم، ثني الركبتين.

- يتعرف على أنواع التمريرات ومستوياتها، فوق الرأس، مستوى الصدر، مستوى الكتف، الحرجة على الأرض.

- يتعرف على بعض المفاهيم الخاصة بألعاب التصويب مثل، التحرك للأمام قبل استقبال الكرة.

- التعرف على شروط الألعاب الصغيرة.

* الأهداف المعرفية :

- الحرص على إحضار الكرة في الدرس.

- ارتداء الزي الرياضي المناسب.

- الحضور في الوقت المحدد منذ البداية.

- العمل على التعاون مع الزملاء في ترتيب وتنظيم وإرجاع الأدوات إلى مكانها الأصلي. ظهور مشاعر الود والسرور نحو ممارسة الأنشطة الحركية.

شكل (٣٢)

حركات التعامل مع الاداة او الزميل

الفصل التاسع
الغذاء ونمو الطفل

- الغذاء

- أهمية الغذاء في حياة الإنسان

- أهمية الغذاء لنمو الطفل

- مصادر الغذاء

- الوظائف الأساسية لمركبات الغذاء

- أسباب التغذية في حياة الإنسان

- الاحتياجات الغذائية للأطفال

- احتياجات الطاقة

الفصل التاسع

الغذاء ونمو الطفل

- الغذاء

هو المادة التي يحصل منها الجسم على الطاقة وعلى العناصر التي يحتاج إليها. وتقوم أجهزة الجسم بعمل كيميائي لتحويل الأغذية التي تتناولها إلى مواد أخرى تساعد على نمو الجسم والمحافظة عليه, وتنقسم المواد الغذائية إلى ما يأتي:

أ-   مواد نشوية (كربوهيدراتية).

ب- مواد دهنية.

ج-   مواد بروتينية.

- أهمية الغذاء في حياة الإنسان:

تبرز أهمية الغذاء من كون أنّ كل جسم حي لكي يحافظ على حياته يستهلك قدرا معينا من الطاقة والتي يحصل عليها من الغذاء طبقا للكمية التي يحتاج إليها. فقديما كان الإنسان يعتمد في وجباته الغذائية على محاصيل الحبوب, والتي كانت متوفرة بشكل أكثر من اللحوم والأسماك والخضروات, وقد استمر في اعتماده على هذه الوجبة الأساسية حتى يومنا هذا بالرغم من أنواع الوجبات الغذائية أصبح مركبا معقدا وتنوعا ولقد أسهمت الوسائل التكنولوجية الحديثة إسهاما فعالا في تنوع الغذاء وذلك عن طريق (حفظ

الأطعمة) وقد أدت وسائل حفظ الأطعمة هذه إلى التنوع في الأطعمة وإلى تصدير ونقل الأطعمة من مكان إلى آخر, ومن بلد لآخر, حيث تنقل الدول التي لديها فائض في الأطعمة إلى الدول الأخرى التي ليس لديها إنتاج لتلك المواد الغذائية. ولقد أثبتت الدراسات والبحوث العلمية الخاصة بتغذية الأطفال دور وأهمية العوامل الغذائية في التسبب بالعديد من الأمراض من ناحية, ودورها الهام في التخلص من العديد من الأمراض ناحية أخرى, وذلك نتيجة لارتباط التغذية بالبيئة, وفي الوقت الحاضر فقد تغيرت العادات الغذائية نتيجة لعصر السرعة, وظهرت فروق كبيرة في التغذية عن الفترة الماضية.

- أهمية الغذاء لنمو الطفل :

يتسم سلوك الطفل الغذائي في مرحلة الطفولة بالمرونة حيث انه يتقبل أي نوع يقدم له من الغذاء وتعكس شهيته للغذاء مدى احتياجاته الحقيقية من الطعام، والطفل عادة ما يميل إلى تقليد والديه ومن هنا تبرز أهمية تربية السلوك الغذائي الصحيح في هذه المرحلة، حيث يحتاج الطفل إلى بناء وتجديد الأنسجة وازدياد النشاط والنمو، ولابد للطفل من استهلاك ما يحتاجه من الغذاء والحصول على الطاقة اللازمة للقيام بالحركة فضلا عما يوفره الغذاء من طاقة ضرورية للمحافظة على درجة حرارة الجسم وبناء الجسم، وهذا ما يثبت الدور المهم للتغذية وتأثيرها في نمو الطفل ومقدرته على الحركة فضلا عمّا تكسب للجسم من حماية ومقاومة الأمراض.

* ما يحتاجه الطفل من الغذاء:

1. لنمو جسم الطفل فيحتاج إلى العناصر الغذائية الأساسية المتمثلة، بالكربوهيدرات، والدهون، والبروتينات، والأملاح المعدنية والفيتامينات.
2. يحتاج الطفل إلى تغذية سليمة ونظام غذائي متنوع حيث أنّ قيمة الغذاء لا تقاس بكمية ما يتناوله الطفل بل تقاس بما يحتويه من عناصر غذائية يحتاج اليها الجسم في مقدمتها النمو البدنية والوظيفة.
3. ألاّ يسبب الغذاء الذي يتناوله الطفل أضرار صحية والذي يتضمن خلو الغذاء من التلوث والتلف والمواد المضافة الكيمائية المضرة بالصحة.

- مصادر الغذاء :

تقسم المواد الغذائية حسب مصادرها إلى ما يأتي:

أولا: الأغذية الحيوانية:

وتشمل الأغذية الحيوانية ما يأتي:

1. اللحوم
2. الدواجن
3. الأسماك
4. الألبان
5. البيض

ثانيا: الأغذية النباتية:

وتشمل الأغذية النباتية ما يأتي :

1. الحبوب

٢. البقول

٣. محاصيل السكر

٤. الخضروات

٥. الفاكهة

- الوظائف الرئيسية لمركبات الغذاء :

تشكل الكربوهيدرات والبروتينات والدهون النسب الأكبر حوالي بين (٨٥-٩٩%) من محتوى الغذاء، وتعمل هذه المركبات مصدرا أساسيا للطاقة وفي ضوء ذلك فإنّ الوظيفة الرئيسية للغذاء تتلخص في تزويد جسم الإنسان بالمركبات الغذائية الضرورية والتي تتمثل بما يأتي:

١- مصادر البناء والتجديد:

وهي عبارة عن مصادر البناء التي يوفرها الغذاء لتكوين مادة عضوية جديدة الغرض منها تعويض المواد التي تستهلك يوميا والعمل بالتالي على تمكين عملية البناء في الجسم، فالجسم يستطيع أن يحصل على الطاقة اللازمة له من أنواع المواد العضوية المركبة، وأن يجدد المواد الحية ولا يوجد إلاّ في البروتينات حيث أنها المادة الوحيدة التي تحتوي على الأزوت, وذلك نتيجة إلى أنّ البروتين يكون الجزء الأساسي من المواد الحية, والمواد البروتينية تختلف باختلاف الكائنات الحية حيث أنها تتكسر وتتحول إلى أجزاء صغيرة يطلق عليها الأحماض الأمينية والتي يستخدمها الجسم لبناء البروتينات, إذ أنّ هناك ما يقارب من ثلاثين نوعا من الأحماض الأمينية التي تتبادل في التركيب البروتينات.

٢- مصادر الطاقة :

وهي عبارة عن مقدار الطاقة التي يزود بها الغذاء جسم الإنسان، وتتمثل بالمواد السكرية والمواد الدهنية حيث تتحول طاقاتها الكيمائية إلى طاقة ميكانيكية داخل الجسم، أي تتحول إلى شغل (جهد) وتعتبر المركبات العضوية هي التي تؤدي الوظيفة الديناميكية, حيث تولد الطاقة وفي ضوء ذلك نتوصل إلى المادة البسيطة التركيب لا يمكنها أن تمدنا بالطاقة.

٣- مصادر الوقاية والحيوية والنشاط :

وهي عبارة عن استخدام الفيتامينات والأملاح المعدنية بالإضافة إلى الماء والتي تعمل على حفظ حياته ووقاية الجسم والمحافظة على سلامته.

* الوظائف الرئيسية لمركبات الغذائية:

النوع	الوظائف	المصادر الطبيعية في الأغذية
الكربوهيدرات الدهون	إنتاج الطاقة	الحبوب ومنتجاتها، الدهون والزيوت، السكر، الجبن، البطاطس
البروتينات	البناء والتجديد	اللحوم، الحليب، البيض
الفيتامينات والأملاح المعدنية	الوقاية والحيوية وسلامة الجسم	الخضروات، الفاكهة، الحليب، منتجات الألبان

جدول رقم (١)

الوظائف الرئيسية للمركات الغذائية

- أسباب التغذية في حياة الإنسان:

١. لتعويض المادة الحية التي يستهلكها الإنسان يوميا، أثناء قيام الجسم بوظائفه الحيوية المستمرة.

٢.   لتوليد الطاقة الضرورية للقيام بالجهد المطلوب.

٣.   لتكوين احتياطي واستخدامه في فترة النمو الجسمي.

* البروتينات:

وهي عبارة عن مركبات عضوية تحتوي على الكربون والهيدروجين والأوكسجين، ومن أهم ما يميز تركيبها بالإضافة إلى ذلك هو احتوائها على النتروجين بنسبة ثابتة تقريبا وهي (١٦%)، تتألف البروتينات من وحدات أساسية تسمى الأحماض الأمينية تحتوي على النتروجين والتي تختلف من حيث التركيب والحجم ولكنها تتميز بوجود مجموعة أمينية ومجموعة كاربوكسيلية وتوجد على العموم حوالي ٢٢ حامض أميني تدخل في تركيب البروتينات حيث تتصل مع بعضها برابطة ببتيدية.

* تصنيف البروتينات :

يمكن تصنيف البروتينات إلى بروتينات نباتية، وبروتينات حيوانية، وتعتبر البروتينات الحيوانية ذات قيمة أكبر من البروتينات النباتية وذلك نتيجة إلى احتوائها على قدر أكبر من الأحماض الأمينية الأساسية (الضرورية) وهي تلك الأحماض التي يحتاجها الجسم للنمو واستمرار الحياة ويجب أن تؤخذ مع الطعام حيث أنّ قدرة الجسم على تخليق هذه الأحماض لا تفي باحتياجاته.

أمّا الأحماض الأخرى فتسمى الأحماض الأمينية غير الأساسية وهي تلك الأحماض التي يستطيع الجسم تركيبها بكميات مناسبة وبالتالي فان عدم توفرها في الغذاء غير مؤثر بدرجة كافية.

* نسبة وكمية البروتين في بعض المواد الغذائية التي يحتاجها الجسم :

إنّ كمية ونوعية البروتينات تختلف من مصدر غذائي إلى آخر والعامل المحدد للقيمة الغذائية هو وجود جميع الأحماض الأمنية الأساسية في ذلك البروتين وبنسب تقارب حاجة الجسم لها. وعلى العموم ينصح بتناول البروتين تفاديا للمشكلات التالية:-

١. لم تظهر أمراض أنيميا للأفراد إذا كانوا يتناولون الوجبات المتوازنة.

٢. ليس هناك بيانات كثيرة بتاسر الوجبات عالية البروتين قدرة التحمل حيث لوحظ أنّ تناول ١غرام من البروتين لكل كغم من الجسم يوميا لم ينقص قدرة التحمل العضوي.

والخلاصة أنّ تناول بروتين منخفض لفترة طويلة قد يكون لها تأثيرات عكسية على الأداء البدني، حيث أنّ التغذية الخاطئة تؤدي إلى هبوط المستوى المهاري بالإضافة إلى اضطرابات وظيفية للأجهزة الحيوية، وقد تؤدى بالنهاية إلى النحافة.

* وظائف البروتينات في الغذاء:

للبروتينات العديد من الوظائف وهي تتعلق بما يأتي:

- قدرة البروتينات على امتصاص الماء.
- قدرة البروتينات على ربط الدهون حتى لا تنفصل الدهون مرة أخرى.
- للبروتينات خواص استحلابية وهي صفة مهمة في صناعة بعض المنتجات التي تتطلب إضافة دهون مع ماء كما في صناعة الكيك ومنها صفار البيض.
- قدرة البروتينات على تكوين رغوة عند الخفق وهي مهمة في تكوين قوام هش.
- لها القدرة على اللزوجة فمحاليل البروتينات عند تسخينها تؤدي إلى تكوين هلام كثيف القوام.

* أهمية البروتينات في التغذية :

- **تعتبر مصدر أساسي لبناء المركبات التي تحتوي على عنصر النتروجين في الجسم.**
- **تعمل عل تنظيم توازن سوائل خلايا الجسم.**
- **تستخدم كمصدر للطاقة (أجرام من البروتينات يعطي ٤ سعرات حرارية).**
- **لها القابلية للاتحاد مع مركبات أخرى فهي مثلا تتحد مع عنصر الحديد ونقله إلى الدم.**

* نسبة وكمية البروتين في بعض المواد الغذائية:

إنّ البرويتنات الحيوية عموما تعتبر ذات قيمة غذائية عالية ونظرا لاحتوائها على جميع الحوامض الأساسية وبكمية عالية وبنسب متوازية مع حاجة الجسم، بينما البروتينات النباتية تعتبر ذات قيمة غذائية أقل، نظرا لأنها تعانى من نقص الأحماض الأساسية وتحصل الأجسام على البروتين من مصادر متعددة وهو كثيرا ما يستهلك البروتينات الحيوانية والنباتية في آنٍ واحد ما يعطى نوعا من التوازن لمجموعة البروتينات المتناولة حيث تكمل بعضها البعض.

جدول رقم (٢) / نسبة البروتين في بعض المجاميع الغذائية لكل ١٠٠ غرام

الأغذية النباتية	%	الأغذية الحيوانية	%
الحبوب	٦ - ١٤	اللحوم الحمراء	١٨-٢٠
البقوليات	١٨ - ٣٠	الدجاج	١٦-٢٠
الذرة	٨ - ١٠	الأسماك	١٥-١٨
الأرز	٨ - ١٠	البيض(صفار)	١٠-١٣
البطاطس	٢ - ٣	اللبن	٣-٥
فول الصويا	٣٠ - ٣٥		
الخضروات الورقية	اقل من ١ %		

* الكاربوهيدرات:

تعريف الكاربوهيدرات: **هي مركبـات مـن المـواد النشـوية والسـكرية، حيـث كانـت ولا تـزال الكاربوهيدات خلال عصور مرت على البشرية، تحتل مكانة مرموقة في غـداء الإنسـان. وهـي متواجدة في الحبوب والفاكهة والعديد من الأطعمة المصنعة ومنها المشروبات. وترجع أهميـة الكربوهيدرات إلى تشكيل المخ ولصعوبة عملـه دون توفرهـا، كـذلك فـان تـوفير الجليكـوجين للعضلات مهم جدا لاستمرار عملية التمويل الغائي.**

* قيمة الطاقة للمواد الكاربوهيدراتية:

وتبرز قيمة الطاقة مـن حيـث أنّ الجسـم يـتمكن مـن أكسـدة المـواد الكاربوهيداتيـة بصورة سريعة محررا بذلك الطاقة المخزونة.

* أهم مصادر الكاربوهيدرات في الغداء:

تعتبر الحبوب والخضراوات والفواكه، والقلويات، والسكريات والعسل والتمـر (البـلح) أهـم مصـادر الكاربوهيـدرات، أنظـر الجـدول التـالي، الـذي يبـين أهـم مصـادر المـواد الكاربوهيدراتية ونسبها المئوية.

جدول رقم (٣)

مصادر المواد الغذائية الكاربوهيدراتية ونسبتها في كل ١٠٠ غرام من هذه المواد.

المصادر الغذائية	النسبة المئوية %
السكريات	٩١ - ١٠٠ %
العسل الأبيض	٧٩ -٩٠ %
الحبوب (القمح والرز)	٦٩ - ٧٠ %
النشا	٨٧ %
البنجر	٥٠ - ٥٥ %
المعكرونة	٢٣ - ٣١ %
التمر (البلح)	٧٥ %
البقوليات (الفول - العدس - الفاصوليا)	١٦ %
التفاح	٦٠ %
المشمش	٦٠ %
البرتقال	١٢ %

* الوظائف الأساسية للكربوهيدرات :

من أهم وظائف الكربوهيدرات هي تزويد الجسم بالطاقة من خلال ردود أفعال أجهزة الجسم الحيوية، حيث يتحلل الجلوكوز مائيا منتجا ماءا وثاني أوكسيد الكربون.

* تصنيف الكربوهيدرات:

تقسم الكربوهيدرات إلى نوعين هما:

أولا: الكربوهيدرات البسيطة:

وتعرف الكربوهيدرات البسيطة (بالسكريات) وتقسم إلى:

سكريات أحادية: **وهي أبسط أنواع المواد الكربوهيدراتية، ومن أهم أنواعها سكر الجلوكوز وهو السكر الموجود في الدم والذي يمد الجسم بحاجته من هذه المواد، وسكر الفركتوز ويوجد في عسل النحل.**

سكريات ثنائية: **وتتكون من وحدتان من السكريات الأحادية وتتضمن سكر المالتوز(سكر الشعير) واللاكتوز(سكر اللبن)، والسكروز (سكر القصب).**

ثانيا: الكربوهيدرات المركبة :

وتعرف الكربوهيدرات المركبة (بالنشويات) وهي تعني المتعددة السكر، مثل النشا والبكتينوهي مواد تتميز بأنه عند تعريضها للحرارة تعطي قوام سميك مرغوبا لتحسين القوام في الأغذية مثل المربيات والجلي.

* الدهون

وهي عبارة عن مركبات عضوية لا تذوب ولا تمتزج بالماء ويلاحظ بأنها تحتوي على كمية من الأوكسجين أقل بكثير من الكربوهيدرات، أي بمعنى أنّ نسبة الهيدروجين إلى الأوكسجين تختلف عما كانت عليه في الكربوهيدرات وهذا الاختلاف هو ما يميز هذه المجموعة عن غيرها من المركبات.

* الوظائف الرئيسية للدهون :

تساعد المواد الغذائية الدهنية على إمداد الجسم بالطاقة فتعمل بالأساس الأحماض الذهنية على إذابة فيتامينات التمثيل الغذائي مثل فيتامين A , D , E , C وكذلك يمكن أن تستخدم الدهون بالجسم كعازل للإقلال من الصدمات وحماية الأعضاء الداخلية الحيوية المختلفة وكما تعتبر الدهون أساسا صورة مركزة جدا للطاقة، فالغرام الواحد في الدهن يحتوى على (٩) سعرات حرارية وهو بذلك يعطى طاقة حرارية ضعف ما يعطيها البروتين أو الكاربوهيدرات،

وتكون معظم هذه الكمية في الطاقة كمخزون احتياطي للجسم، وهى توجد في الأنسجة الذهنية.

* نسبة الدهون الواجب توافرها في الوجبة الغذائية:

حرصا على الحالة الصحية للفرد فإنّ نسبة الدهون في الوجبة الغذائية يجب أن لا تزيد عن (٣٠٪) من مجموع السعرات الحرارية الكلية للجسم وتشكل الدهون المشبعة حوالي (١٠٪) من مستوى الدهن الكلى في الوجبة اليومية، ويمكن أن نوصي بأن ينقص محتوى الدهن الكلى في الوجبة إلى مستوى تكون مجموع السعرات الحرارية لدى الإنسان في وجبته اليومية بحوالي (٢٠٪) من السعرات الحرارية يتم فيها الأحماض الدهنية الأساسية، وهي أي نسبة تكون بحدود (٥.١) غرام لكل كيلو غرام في الجسم.

* أقسام الدهون الأساسية:

وتقسم الدهون إلى ثلاثة أقسام هي:

* الدهون البسيطة:

وتسمى (ثلاثية الجليسريدات) ومنها الزيوت النباتية والدهون لحيوانية.

أولا: الدهون المركبة:

ومن أهم أعضائها (الفسفولبيدات) ويعتبر الليسثين من أهم أمثلته، وهي تحتوي على جزء غير دهني مثل (الفسفور) وتوجد في الدم وفي تركيب جدار الخلية وظيفته المهمة تكون في نقل الدهون إلى جميع أجزاء الجسم، ومن أمثلتها الدهون السكرية والدهون البروتينية.

ثانيا: الدهون المشتقة :

وتتكون من تكسير الدهون البسيطة والدهون المركبة، ومن أهم هذه المركبات الكولسترول والفيتامينات الذائبة في الدهون.

* أهم المصادر الغذائية للدهون:

من أهم المصادر الغذائية للدهون في الزيوت النباتية، مثل زيت بذور القطن، الذرة، الزيتون، والسمسم.

أما أهم الزيوت الحيوانية فهي الزبدة كمصدر حيواني كذلك اللحوم الحيوانية، وكما هو موضح في الجدول التالي.

جدول رقم (٤)

محتوى بعض الأغذية من الدهون لكل ١٠٠ غرام

نوع الغذاء	نسبة الدهون %
الزيوت	٩٠ – ١٠٠ %
الزبد	٨٠ – ٩٠ %
الكعك والفطائر	٤٠ – ٥٠ %
الجبن - صفار البيض	٣٠ – ٤٠ %
جوز الهند	٥٠ – ٦٥ %
الحليب	٥ – ١٠ %

- الاحتياجات الغذائية للطفل :

تختلف الاحتياجات الغذائية حسب المراحل المختلفة للعمر فما يحتاجه الطفل الرضيع يختلف عما يحتاجه طفل الروضة كذلك، يختلف عما يحتاجه الطفل في الدراسة الابتدائية، الأمر الذي يتطلب إلقاء الضوء على الاحتياجات الغذائية للطفل وكالآتي:

أولا: الاحتياجات الغذائية للطفل الرضيع:

لقد أشار القران الكريم إلى مدة الرضاعة (والوالدات يرضعن أولادهـن حـولين كـاملين لمن أراد إن يتم الرضاعة) سورة البقرة.

ويعتبر حليب الأم من أهم الأغذية للطفل الرضيع وذلك لما يتمتع به من قيمة غذائية وصحية، كما أنّ حليب الأم يساعد الطفل في الحصول على كامل حاجتـه الغذائيـة وفي الوقت نفسه يعمل في المحافظة على صحة الطفل ويجنبه التعرض إلى العديد من الأمراض، وهو يفي باحتياجات الطفل المبكرة من التغذية والنمو.

والطفل الرضيع يحتاج باستمرار إلى عمليات بناء الأنسجة جديدة، الأمر الذي يتطلب زيادة احتياجات الطفل من المواد البروتينية، ويحدد معدل المـواد البروتينيـة، ويحـدد معـدل المواد البروتينية بمقدار (٥.٢) جم/كجم من وزن الطفل وهـذا المعدل يزيد عـن احتياجـات الكبار بمعدل ثلاثة أضعاف فإذا كـان وزن الطفـل ٤ كجـم، فيكـون احتياجـه مـن حليب الأم بمقدار ٦٠٠ مليمتر.

ومن أهم الفيتامينات التي يحتاجها الرضيع خـلال عامـه الأول هـي (a، d)، حيـث يحتاج الطفل إلى ١٦٠٠ وحـدة دوليـة في اليـوم مـن فيتـامين (a)، وحـوالي بـين (١٣٠ – ٤٠٠) وحدة دولية في اليوم من فيتامين (d) ولا بد من الإشارة إلى أنّ الطفل يمكن أن يحصل عـلى جزء من فيتامين (d) عن طريق تعرضه لأشعة الشمس المباشرة والتي تساعد تكوين الفيتامين تحت الجلد كذلك يحتاج الطفـل في هـذه الفـترة إلى بعـض الأمـلاح المعدنيـة ومـن أهمها (الحديد، الكالسيوم). وتبلغ احتياجات الطفل من الحديد بمقدار (١مجم/كجم) من وزن

الطفل بينما تبلغ احتياجات من الكالسيوم (٧.٠مجم/كجم) مـن وزنة الـذي يوجـد في الهيموجلوبين بالـدم، ويوجـد المخزون منة في الكبد، بعـد ذلك تـأتي عمليـة تزويـد الطفل بالوجبات الغذائية، والمفروض أن تكون مواعيد رضعات الطفل كـل (٣ – ٤) سـاعات حتى يصل الطفل إلى السنة الأولى من عمره، ثم تتم تغذيته بشكل منظم بثلاث وجبات.

جدول (٥)

محتوى الغذاء للأطفال في عامهم الأول

١٠-١٢ شهر	الشهر السادس	الشهر الثالث	الشهر الأول	الغذاء	الساعة
عصير برتقال ٣أوقية حبة بسكويت	٧-٨ أوقية	٥-٦ أوقية	٣-٤ أوقية	رضعة الحليب	٦ ص
الفطور ٧:٣٠ص	٣ أوقية ٤٠٠ وحدة دولية	٣ أوقية ٤٠٠ وحدة دولية	١ أوقية ٤٠٠ وحدة دولية	عصير برتقـال + فيتامين د	٨ ص
٢-٥ ملعقة مائدة حبوب ٨أوقية حليب	٧-٨ أوقية ٢-٤	٥-٦ أوقية ٢-١/٢ ملعقة	٣-٤ أوقية	رضعة الحليـب + الحبوب	١٠ ص
فاكهة مبشورة ١-٢ ملعقة مائدة فيتامين د ٤٠٠ وحدة دولية	٧-٨ أوقية ١ صفار ٢-٣ ملقعة	٥-٦ أوقية	٣-٤ أوقية	رضعة الحليـب + صـفار البـيض الخضراوات	٢ بعد الظهر
الغذاء: ١١:٣٠ ظهرا اللحم: ١/٢-١ أوقيـة أو بيضة كاملة البطاطا: ٢-٤ ملاعـق مائـدة خضرـاوات مبشورة ٢-٤ ملاعـق مائدة الحليب ٨أوقية	٧-٨ أوقية ٢-٤ ملاعـق مائدة ١/٤ ملاعـق مائدة	٥-٦ أوقية	٣-٤ أوقية	رضعة الحليب الحبوب الفاكهة	٦ بعد الظهر
العشاء: ٥:٣٠ بعد الظهــر الحبــوب والبطاطا ٢/٥ ملاعـق مائدة	٥-٦ أوقية	٣-٤ أوقية		رضعة الحليب	١٠ بعـد الظهر
الحليب فاكهة مبشورة ١-٢ ملعقة بسكويت أو شريحة خبز		٣-٤ أوقية		رضعة الحليب	٢ بالليل

ثانيا: الاحتياجات الغذائية للطفل من ٢- ٦ سنوات:

تمثل هذه المرحلة (الحضانة، رياض الأطفال) مقارنة بالمرحلة السابقة - المهد - حيث نشهد بطئا في معدل النمو. فيزداد الوزن معدل (٢) كجم سنويا، ويزداد الطول بمعدل (٥ - ٧سم) سنويا ويتميز الزيادة في الطول والوزن بالاستقرار والثبات النسبي، وبذلك تعتبر هذه المرحلة من المراحل الحرجة في التغذية فنلاحظ بأنّ بسبب حركة ونشاط الطفل المستمر فإنّ حاجته تزداد إلى الغذاء من أجل الحصول على الطاقة ويحتاج الطفل إلى المواد البروتينية لبناء وتكوين الجسم ويكون معدل البروتين المطلوب للأطفال بعمر ما بين (٢- ٤سنوات) حوالي (٣٢) جرام في اليوم، بينما يكون بعمر (٣ - ٦سنوات) حوالي (٤٠) جرام في اليوم والتي تمكن الحصول عليها من تناول الكبدة، السمك، البيض، ومنتجات الألبان كذلك يحتاج الطفل في هذه المرحلة إلى الفيتامينات والأملاح المعدنية والمرتبطة بتحويل الغذاء إلى صورة الطاقة ومن أهمها (الربيوفلافين، التيامين، النياسين) حيث يكون احتياجها من فلافين (١مجم) ومن الثيامين (٦.٠مجم)، ومن النياسين (١.١) مجم.

أمّا بالنسبة إلى الأملاح المعدنية من أهمها احتياجات الجسم للكالسيوم والتي تتراوح بين (١-٢.١) جم في اليوم، أمّا احتياجات الطفل من الحديد حيث يقدر معدلة بالنسبة للأطفال بعمر (٢-٣سنوات) بحوالي (٨جم في اليوم) وبقدر معدلة للأطفال بعمر (٢-٦سنوات) حوالي (١٠مجم في اليوم) وتمثل بشمول الوجبات الغذائية على الحديد والمتمثل بمنتجات الألبان، الجبن، صفار البيض.

جدول (٦)

الاحتياجات الغذائية للطفل

العناصر	العمر ٢-٥ سنوات	العمر ٦-١٢ سنوات
الطاقة	١٣٠٠-١٧٠٠ سعر/يوميا	٢١٠٠-٢٥٠٠ سعر/يوميا
البروتين	٤٠-٥٠ جرام/يوميا	٦٠-٧٠ جرام/يوميا
الكالسيوم	١ جرام/يوميا	١ جرام/يوميا
الحديد	٠.٧-٠.٨ جرام/يوميا	٠.٧-٠.٨جرام/يوميا

إنّ الطفل في عمر (٢ - ٥سنة) يتميز بسرعة النمو وهذا ما يزيد احتياجه من العناصر الغذائية التي تساعده على النمو وبناء الأنسجة والوقاية.

- احتياجات الطاقة :

نظرا إلى أنّ الطفل في هذه المرحلة يمتاز بالنشاط والحركة فإنّ احتياجاته من المواد الغذائية تزيد، وكلما كان الطفل هادئ قليل الحركة كلما انخفضت احتياجاته من الطاقة. ولا بد من التأكيد على أنّ نشاط الطفل وحركته المستمرة هو دليل على أنه يتمتع بصحة جيدة وسلامة عالية من الناحية الصحية، وهنا لا بد من التأكيد على أنّ الأطفال النشيطين يحتاجون إلى غذاء متوازن حتى يعطيهم السعرات الحرارية اللازمة. والجدول أدناه يوضح احتياجات الأطفال من السعرات الحرارية.

جدول (٧)

احتياجات الأطفال من السعرات الحرارية

العمر	طفل (ولد هادئ جدا)	طفل (ولد نشيط)	طفل (ولد نشيط جدا)
	كيلو كالوري/اليوم		
٢	١٢٠٠	١٦٠٠	٢٣٥٠
٤	١٤٠٠	١٨٦٠	٢٨٠٠
٦	١٦٠٠	٢١٦٠	٣٢٣٠

* الفيتامينات:

وهي عبارة عن مواد عضوية يحتاج إليها الجسم بكميات قليلة، والجسم لا يستطيع تكوينها لنفسه، الأمر الذي يتطلب توفيرها عن طريق تناول المواد الغذائية.

* تصنيف الفيتامينات :

تصنف الفيتامينات إلى قسمين :

أولا: الفيتامينات الذائبة في الدهون وهي تشمل :

- **فيتامين أ (A)**

- **فيتامين د (D)**

- **فيتامين هـ (E)**

- **فيتامين ك (K)**

ثانيا: الفيتامينات الذائبة في الماء وتشمل مجموعة فيتامين ب المركب وهي تتضمن ما ياتي :

- **فيتامين ب١(B1)**

- **فيتامين ب ٢ (B2)**

- فيتامين ب٦ (B6)
- فيتامين ب ١٢ (B12)
- الييناسين
- حمض البانتوثنيك
- البيوتين

ومن مميزات الفيتامينات الذائبة في الماء أنها تمتص بسهولة في الجسم ولكنها لا تخزن بالجسم وما يزيد منها يخرج إلى خارج الجسم عن طريق الإخراج.

* وظائف الفيتامينات :

- الفيتامينات تضفي على الأغذية بعض الصفات المرغوبة.
- إنها تعمل كمضادات للأكسدة أو كمانعات لها، فنلاحظ إضافة بعض الفيتامينات إلى الزيوت لمنع أكسدتها مثل إضافة فيتامينات أ، هـ كذلك يعتبر فيتامين ج من المواد المانعة للأكسدة، وبذلك تحاول هذه الفيتامينات من المحافظة على الأغذية من الأكسدة.

جدول (٨)

الفيتامينات الذائبة في الدهون ووظائفها وأعراض نقصها

اسم الفيتامين	الوظيفة الحيوية	أعراض النقص	مصادر الغذاء
فيتامين (أ)	١) تكوين الرودويسين في العين. ٢) ينشط النمو. ٣) يمنع سماكة الجلد والقرنية. ٤) يزيد المناعة	المشي الليلي, تأخر النمو, حراشيف الجلد وجفافه, ضعف المناعة المكتسبة.	الكبد, صفار البيض, الزيدة, الحليب, الجزر, الخضراوات الصفراء والخضراء.
فيتامين (د)	١) يساعد على امتصاص الكالسيوم والفسفور. ٢) مسؤول عن عمل الأنزيم الخاص بتكوين الكالسيوم في العظام.	الكساح, لين العظام, ضعف الأسنان.	البيض, السمك, الحليب, الجبن, الزبدة.
فيتامين (هـ)	يمنع أكسدة فيتامين أ, جـ والأحماض الدهنية غير المشبعة.	له علاقة بالبلوغ الجنسي- وتأخره, موت الأجنة المبكر.	الزيوت النباتية, الخس, والخضراوات الورقية الخضراء.
فيتامين (ك)	تكوين البروثرمين المسؤول عن تجلط الدم.	نزيف مستمر, اختلال وظائف الكبد	الكبد, البيض, الخضراوات الخضراء.

جدول (٩)

الفيتامينات الذائبة في الماء ووظائفها وأعراض نقصها

الفيتامين	المصادر الغذائية	الوظائف	أعراض المرض
فيتامين ب١ (B1)	اللحوم, والبيض, والبقول, والحبوب	أنـزيم مسـاعد لإطـلاق الطاقـة مـن الكربوهيدرات, والدهون, والبروتينات, كما يساعد في تكـوين سـكر الريبـوز الهـام للأحماض النووية.	برى برى
ريبوفلافين فيتامين ب٢ (B2)	اللبن, اللحوم, الدواجن, بروكلي, البقول. الحبوب	فلافويرتين وهو أنزيم هام لتنفس الخلايا وإطلاق الطاقة وتحويل التربتوفان إلى نياسين.	تشقق الشفاء
النياسين	اللحوم, الدواجن, زبدة, الفول السوداني, الحبوب	مرافق أنزيمي لإطلاق الطاقة من الكربوهيدرات, والدهون, والبروتينات وتكوين الأحماض الدهنية.	البلاجرا
فيتامين ب٦ (B6)	اللحوم, الموز, الفول, السبانخ, الكرنب, البطاطس	١) يساعد في أيض الدهون والكربوهيدرات. ٢) تكوين الأحماض الدهنية غير الأساسية. ٣) إطلاق الطاقة من البروتينات. ٤) تكوين الأجسام المضادة.	فقر الدم المتغير بصغر حجم الكريات وكذلك انخفاض الهيموجلوبين
حامض البنتوتنيك	لحم الأعضاء (الكلى), والطحال, والقلب, الحبوب, ومعظم الأطعمة	١) يدخل في تركيب المرافق الأنزيمي أ A Co-enzyme ٢) إطلاق الطاقة من الكربوهيدرات, والدهون, والبروتينات. ٣) تكوين الكولسترول والأحماض الدهنية والهيموجلوبين.	إنخفاض منعاة الجسم ضد الأمراض.
البيوتين	صفار البيض, واللبن, لحم الأعضاء, البقول, البندق	١) تحليل البروتينات. ٢) إطلاق الطاقة من الكربوهيدرات, والدهون, والأحماض الأمينية. ٣) تكوين الأجسام المضادة. ٤) تكوين الأحماض الكربوكسيلية.	التهابات جلدية
الفولاسين	الخضراوات الورقية الداكنة الخضرة, الكبد, الكلى, الفواكه.	١) نقل وحدات الكربون لتكوين الأحماض الأمينية. غير الأساسية وكذلك الأحماض	فقر الدم المتميز بضخامة الكريات

		النووية والهيموجلوبين. ٢) النمـو الطبيعـي لخلايـا الـدم الحمـراء والخلايا الأخرى.	
فيتامين ب١٢ (B12)	اللحوم, والدواجن, الأسماك, اللبن, البيض.	١) نمو كريات الدم الحمراء. ٢) المحافظة على الأنسجة الطبيعية.	فقر الـدم الوبيـل (الأنـيما الخبيثة)
فيتامين ج (C)	الفواكـه الحمضـية, الفراولـة, والطماطـم, البروكلي, الخضراوات الطازجة.	١) تكوين الكولاجين. ٢) يزيد القوة للأوعية الدموية. ٣) الحماية ضد العدوى. ٤) المساعدة على تكلس الأسنان والعظام.	الأسقربوط

قائمة المراجع

أولا: المراجع العربية

١. أحمد شفيق عباس (١٩٧٢): نمو وتطور الطفل المصري مـن الـولادة حتى سـن الخامسـة، دار المعارف، مصر.

٢. أسامة كامل راتب (١٩٩٠): النمو الحركي، دار الفكر العربي، القاهرة.

٣. أسامة كامل راتب وإبراهيم عبد ربة خليفة (١٩٩٩): النمو والدافعيـة في توجيـه النشـاط الحركي للطفل والأنشطة الرياضية المدرسية، دار الفكر العربي، القاهرة.

٤. أمين أنور الخولي وأسامة كامل راتب (١٩٩٨): التربيـة الحركيـة للطفـل، الطبعـة الخامسـة، دار الفكر العربي، القاهرة.

٥. ايلين وديع فرج (١٩٨٧) خبرات في الألعاب للصغار والكبار،منشاة المعارف،الإسكندرية.

٦. بسطويسي أحمد بسطويسي (١٩٩٦): أسس ونظريات الحركة، دار الفكر العربي، القاهرة.

٧. حسن السيد أبو عبده (٢٠٠٢): أساسـيات تـدريس التربيـة الحركيـة والبدنية،مكتبـة الإشعاع، الإسكندرية.

٨. حامد عبد السلام زهران (١٩٩٠): علم نفس النمو الطفولـة والمراهقـة، الطبعـة الخامسـة، عـالم الكتب،

٩. حسن مصطفى عبد المعطي وهدى محمد قناوي(٢٠٠١) علم نفس النمو، الأسس والنظريـات، دار قباء للطباعة والنشر،القاهرة.

١٠. خليل ميخائيل (١٩٨٣): سيكولوجية النمو (الطفولة والمراهقة)، الطبعة الثانية، دار الفكر العربي،

١١. رشاد الخطيب (١٩٩١): روضة الأطفال نموذج مقترح، سلسلة دراسـات في تربيـة طفـل مـا قبـل المدرسة، الهيئة المصرية العامة للكتاب.

١٢. زكية إبراهيم أحمد كامل (١٩٨٩): تطبيقات ألعاب منتسوري الحركية وأثرها على نمو بعض المفاهيم المعرفية والمهارات الحركية الأساسية لأطفال مرحلة ما قبل المدرسة، مجلة علوم، نظريات وتطبيقات، العدد الخامس، الإسكندرية.

١٣. سامي محمد ملحم (٢٠٠٤):علم نفس النمو، دار الفكر، عمان، الأردن.

١٤. سعد جلال ومحمد حسن علاوي (١٩٩٧): علم النفس التربوي الرياضي، دار المعارف، القاهرة.

١٥. سعدية محمد علي بهادر(١٩٩٤):المرجع في برامج تربية أطفال ما قبل المدرسة، دار الفكر، القاهرة.

١٦. سهير كامل أحمد (١٩٩٩): سيكولوجية نمو الطفل، دراسات نظرية وتطبيقات عملية، دار النهضة العربية.

١٧. عبد الحميد شرف (٢٠٠٥): التربية الرياضية والحركية للأطفال الأسوياء ومتحدي الإعاقة، مركز الكتاب للنشر، القاهرة.

١٨. عبد الرحمن محمد العيسوي (١٩٨٢): دراسات السلوك الإنساني، منشأة المعارف، الإسكندرية.

١٩. عبد اللطيف فؤاد إبراهيم (١٩٨٠): المناهج أسسها وتنظيماتها وتقويم أثرها، الطبعة العاشرة، القاهرة.

٢٠. عبد الواحد وافي (١٩٨٥): اللعب والمحاكاة وأثرها في حياة الإنسان، دار نهضة مصر، القاهرة.

٢١. عزة خليل (١٩٩٤): روضة الأطفال ومواصفاتها وأسلوب العمل بها، دار الفكر العربي، القاهرة.

٢٢. عفاف عثمان مصطفى (١٩٩٥): ألعاب الحركة وأثرها في اكتساب المفاهيم اللفظية والعددية للأطفال من (٣-٤) سنوات، كلية التربية الرياضية للبنات، الإسكندرية، مجلة علمية.

٢٣. فاطمة عوض صابر(٢٠٠٦):التربية الحركية،دار الوفاء لدنيا الطباعة، الإسكندرية.

٢٤. فريدة عثمان (١٩٨٤): التربية الحركية لمرحلة رياض الأطفال والمرحلة الابتدائية، دار القلم، الكويت.

٢٥. فؤاد البهي السيد (١٩٩٧): الأسس النفسية للنمو في الطفولة إلى الشيخوخة، دار الفكر العربي، القاهرة.

٢٦. ليودميلابيليفيا، أينوركورد (١٩٨٢): ألعاب الحركة، ترجمة عبد السلام الشهبار، دار أدوغا، طشقند، الاتحاد السوفيتي.

٢٧. محمد الحماحمي، أمين أنور الخولي (١٩٩٠): أسس بناء برامج التربية الرياضية، دار الفكر العربي، القاهرة.

٢٨. مجدي محمد الدسوقي (٢٠٠٣): سيكولوجية النمو، مكتبة الأنجلو المصرية،القاهرة.

٢٩. محمد حسن علاوي (١٩٩٨): سيكولوجية النمو، الطبعة الأولى، مركز الكتاب للنشر، القاهرة.

٣٠. محمد صبحي حسانين (١٩٧٩): التقويم والقياس في التربية الرياضية، الجزء الأول، دار الفكر العربي، القاهرة.

٣١. محمد عماد الدين إسماعيل (١٩٨٦): الأطفال مرآة المجتمع، عالم المعرفة، الكويت.

٣٢. محمود احمد حمزة (٢٠٠٣): مقدمة في علوم الغذاء والتغذية، الدار الجامعية، الإسكندرية.

٣٣. محمود عبد الحليم منسي (١٩٩٤): الروضة وإبداع الأطفال، دار المعرفة الجامعية.

٣٤. ميخائيل إبراهيم سعد (١٩٨٠): مشكلات الطفولة والمراهقة، الطبعة الثانية، دار الأفاق الجديدة، بيروت.

٣٥. هدى محمد قناوي (١٩٩١): الطفل تنشئة وحاجاته، مكتبة الانجليز المصرية، الطبعة الثالثة، القاهرة.

٣٦. وجدي لبيب (١٩٨٢): نمو المفاهيم العلمية، القاهرة، الأنجلو المصرية.

٣٧. يسرية صادق، زكريا الشربيني (١٩٧٨): تصميم البرنامج التربوي للطفل في مرحلة ما قبل المدرسة، دار الفكر الجامعي، القاهرة.

ثانيا: المراجع الإنجليزية

1. Albert Farine (1979): Development games and rhythms for children. Ilinois U. S. A. Charles Cthomas. Publisher .

2. Constance Kamin & Rheta Devries (1999): physical knowledge in preschool education. Implication of piaget's theory, Teachers college press, Columbia University, New York, , pp. 20-23.

3. David L. Gallahue & John C. O. Jnneen (1995): Understanding motor development, infants, children adolescents and adults. Broueen, & Benchmark, USA, p. 5-6.

4. Edward De Bono (1993): Teach your child how to think Viking Group, NewYourk, , pp. 200-201.

5. Hans G. Furth & Harry Wachs: Thinking goes to School, Oxford University Press, UK, p. 77.

6. Heausler, Nancy (1987): Teaching Language Skills using Dance, Movement Methods, Research Anaction, university of New Arleaus Nov.

7. Holbrook, Jk (1973): Gyhnasties Amovement Activity For Children Aged Five Eleven Years Macdonald Evans, John street, London.

8. Jerry R. Thomas, Amelia M. Lee & Katherine T. Thomas (1988): physical education for children concepts into practice. Human Kinetics books, Champaign, Illinois, U. S. A, , p. 22.

9. Levine D M (1977): nonmetric Molted Mansionl scaling and Hierchical clustering, procedures for the investigation of perception of sport in the Research quarterly vol 48 vo2.

10. Singer, RN (1980): Motor Learning and Human Performance, Publishing Co, inc, .

11. Skalinck, Sidygay (1981): The Effect of physical Activities on Academic in Elementary school Children, Dissertation obstructs international L A, Vol, 42.

Printed in the United States
By Bookmasters